髙巖
Taka Iwao

豊かな社会と人生の方程式

女子高生と学ぶ稲盛哲学

日経BP社

目次

第六章 稲盛哲学における「自由」とは……141

第七章 稲盛哲学における「考え方」とは……179

本書を執筆するにあたり

稲盛和夫氏（1932年～）の生き方、考え方。それは、若い世代も共感できるのか。そもそも、理解してもらえるのか。ある個人が自らの体験を通じてたどり着いた哲学は「一人の成功談でしかない」と言われるかもしれない。しかし、私は、稲盛氏の思想と実践は個人の体験の域を超え、社会全体に大きな影響を及ぼす「社会哲学」になっている、と感じている。この筆者の理解を伝えるのが、本書の目的である。

稲盛氏の生き方や考え方に惹かれ、筆者が「企業家の信念体系と組織の急成長：京都セラミックの場合」という懸賞論文を執筆したのは、今から三〇年以上も前のことである。幸いにもその論文は早稲田大学商学研究科より高い評価を得、優秀賞をいただいた。研究者として第一歩を踏み出した時の経験である。

その後、筆者は、関心を広げ、意思決定論、企業倫理、社会哲学、企業社会責任などの分野で研究を進めたが、二〇〇六年、日置弘一郎教授の招きで、翌年の四月から一四年三月までの七年間、「京都大学京セラ経営哲学寄附講座」の客員教授として仕事をさせてもらうことになった。図らずも、五十路を迎え、研究の「原点」（稲盛哲学）に戻ったわけである。

寄附講座での七年間、より近いところで稲盛氏の思想に触れ、またＪＡＬ再生にかける氏の熱い思いを肌で感じる機会を得た。これが、筆者の研究・執筆意欲に火をつけた。その意味で、まず、稲盛氏に、心よりお礼を申しあげなければならない。筆者は、京大での寄附講座という機会をいただいたことに何か運命的なものを感じている。

本書は、稲盛氏の社会哲学を語るものであるが、哲学書としての形式はとっていない。論理性を保ちながらも、できるだけ分かりやすく展開したい、とくに若い世代の人たちに理解・納得してもらいたい、との思いを持っているからである。よって、本書は、稲盛哲学を説明するものではあるが、展開は教室内で高校生に向かって講義をするという形式をとることにした。

本文中、女子高生との対話が何度も出てくるが、これは内容を分かりやすくするための措置であることをあらかじめ断っておきたい。そもそも、こうした形式での執筆を決めたのは、ある女子高校での講義がきっかけとなっている。おそらく、その経験がなければ、本書は世に出ることもなかったであろう。それゆえ、数年にわたり、講義の機会を与えてくださった同校進路担当の先生方に心より謝意を表したい。

また「読みやすさ」という点からは、執筆中、私のゼミの卒業生である大竹雅彦氏（二期生ゼミ長）に細かな指摘や助言をもらった。卒業の折、大竹氏には、研究者を目指してほしいとの強い希望を持っていたが、結局、民間企業に就職してしまった。無念ではあったが、今回、このような形で、彼と再会でき、議論できたことに感謝している。大竹氏のさらなる活躍を期待したい。

もっとも、「分かりやすさ」や「読みやすさ」という点だけにこだわりすぎると、今度は、稲盛哲学の深さを伝えられなくなる。「これも避けたい」と考え、本書執筆の過程で、京セラ経営研究部の木谷重幸氏に原稿を幾度も送付し、忌憚のない意見をいただいた。ここに氏の名前をあげ、お礼の言葉に代えたい。

本書の執筆を決意したのは、京大寄附講座を終えた二〇一四年春であった。京大において貴重な機会をいただいたにもかかわらず、三年目の二〇〇九年より本務校（麗澤大学）にて学部長を務めることとなり、結局、稲盛哲学の研究には多くの時間を割くことができなかった。それだけに、本書の執筆は、ぜひともやり遂げたいと考え、二〇一四年末には、稲盛氏に次のような手紙をしたためさせていただいた。

「講座終了後も、稲盛哲学の意義については、自分なりに研究を進めておりまして、とくに若い世代の人たちに、その意義を理解してもらうための論理や方法に関し、試行錯誤を重ねてまいりました。この成果を何とか世に問いたく、今回、新たな著作の執筆を構想しているところでございます」「今回の執筆・出版を通じて、より多くの読者に、しかもビジネスマンだけでなく、高校生や大学生などにも、稲盛哲学の意義と実践の必要性を理解してもらいたい、と強く願っております」「これは、企業倫理を三〇年以上研究してまいりました私がやらなければならない社会的使命でもあると感じております」とお伝えした。

筆者の執筆にかけるこの思いも、応援の声をあげてくれる人がいなければ、出版の運びとはならなかった。その意味で、最後になるが、「日経エコロジー」編集長の田中太郎氏に、心から謝意を表さなければならない。本書の原稿を読んだあとの田中氏の感想は「すごくおもしろかったです」であった。そして「稲盛哲学を語る本なのに、女子高生が登場する。このミスマッチが魅力的」と意見してくれた。氏のこの率直な感想があったからこそ、かなった出版だと思っている。田中氏との一二年ぶりの再会に感謝するばかりである。

二〇一五年一一月

高　巖

はじめに

過去数年の間、ある女子高校の特別コースに招かれ、「経済、社会、経営、哲学」に関する講義を行ってきた。毎回、私は、生徒たちに「将来、皆さんは、どんな仕事に就きたいですか」と尋ねてきた。授業の冒頭に同じ質問を繰り返してきたわけだが、昨年は、なかなか声があがらなかった。

事前に、進路指導の先生より、「キャビン・アテンダントを希望する生徒が多いです」との話を聞いていた。このため、当然「キャビン・アテンダントになりたい」という答えが返ってくると思っていたが、生徒たちは意外とおとなしかった。

そこで、ストレートに「キャビン・アテンダントになりたい人が多いと聞いたんだけど」と一言、発した。

すると、最前列に座っていた生徒が、遠慮がちに口を開き、「なりたいけど、身長が足りないんです」と言った。

これをきっかけに、他の生徒も「そうそう、試験も難しいし」などと、発言し始めた。

確かに、高度成長期、そして、バブル期、キャビン・アテンダントは、女性が就きたい職業のナンバー・ワンであった。でも、時代は二一世紀。もう女性の職業意識は変わっているものと、勝手に思い込んでいたが、キャビン・アテンダントは、依然として女子生徒の憧れの職業であった。

そこで、さらに彼女たちに尋ねてみた。

「航空会社には、いろいろあるけど、どこの航空会社で働きたいんですか」。

すると、複数の生徒が、「ＪＡＬ、ＪＡＬ」と声をあげた。

「ＡＮＡという会社もあるけど」と聞いてみたが、やはり「ＪＡＬがいい」であった。

「なんで？」と尋ねても、「分かんないけど、ＪＡＬがいい」であった。

「そうなんだ。ＪＡＬに就職したいんだ。でもあそこは、数年前、つぶれた会社だよ」「ＡＮＡも素晴らしい会社だよ」と念を押したが、彼女たちの希望は変わらなかった。

話に乗ってきたところで、「なら、稲盛和夫さんという人を知っていますか」と質問してみた。この問いには、なんと全員が「そんな人、知りません」だった。残念に思ったが、そう感じる理由をわずかの言葉で、しかも分かりやすく、彼女たちに伝えることはできなかった。

そこで、少し間を置いてから、一言、「ＪＡＬに入りたいと思っている人が、稲盛さんを知らないんだ。これは大変だ。ＪＡＬに入る資格はない、と言われるかもしれないね」と、笑いながら脅しを入れた。

稲盛和夫氏は何をやった人か

稲盛和夫氏といえば、京セラと第二電電（現在のＫＤＤＩ）の創業者であり、現在、京セラと日本航空（ＪＡＬ）の名誉会長を務める、日本を代表する経営者である。その思想と実践は「経営哲学」として、また「人生哲学」として、多くの人の共感と支持を得ている。破綻したＪＡＬを再生させるため、稲盛氏は二〇一〇年二月、無報酬でその任に就いた。そして、わずか二年八ヶ月で再上場を果たした。

「ＪＡＬ再生がどれだけ凄いことなのか。いろいろと細かな話は省きますが、大きな会社がつぶれると、多くの人が仕事や職を失い、社会全体に悪い影響が出るんです。このため、その破綻で影響を受ける人たちは、会社更生法という法律を使って、裁判所の力を借り、会社の立て直しを図るんですね」。

「ただ、会社更生法という法律があっても、それだけで、会社が自動的に再建されるわけじゃありません。一九六二年以降、日本で会社更生法を使って立て直しを試みた会社は、一三八社でした。そのうち、約半分の五九社は再建に失敗し、姿を消していきました。再建だけでも難しいんですが、『上場』となると、なお一層、難しくなります」。

「証券取引所で、その会社の株式が取引可能となることを『上場』と言いますが、破綻した会社を再上場させるのは極めて困難で、それを果たした会社は、一三八社中、わずか九社しかありません。しかも再上場までの期間は、もっとも早いものでも七年かかっていました。そんな中、稲盛さんは、これをわずか二年八ヶ月でやり遂げたんです」。

この説明で、彼女たちも「何か凄いことをやった人なんだ」との感覚を持ってくれた。では、このJAL再生という難題に、稲盛氏はどう取り組んだのか。ここがとくに重要である。

「JAL再生で鍵を握ったのは、破綻した年の六月から七月にかけて、稲盛さんたちが行ったJAL幹部五二名に対するリーダー研修でした。最初は、その研修に反発する幹部もいたそうです。それでも、稲盛さんは、この研修抜きにJAL再生などあり得ないと考え、リーダー研修を断行しました。体調がすぐれない中、自身の言葉で真剣に語りかけ、全員に『よき考え方』の大切さを訴えました」。

「研修会場には、『そんな当たり前のこと、言われなくても分かってるよ』といった態度で臨む幹部もいました。しかし、講義が始まると、稲盛さんの話にどんどん引き込まれ、最後には、全員が『理屈で分かっていること』と『それを実行すること』、これはまったく違う、ということを思い知らされたそうです」。

私たちの発想の背景にある二つの社会哲学

ただ、なぜ「よき考え方」がビジネスの成功と結びつくのか。依然として、理解できない人は多いはずだ。「考え方」など改めなくても、事業に成功することはある。先駆的なアイディアと、これを実行に移す能力・熱意、資力があれば、物事はおおよそ成就する。確かに、成功を持続させるには、「よき考え方」が必要であろう。ただそれでも、多くの人は、心のどこかで疑っている。中には、「考え方」という言葉を聞いただけで、抵抗を覚える人もいる。それは、戦後、日本人が「よき考え方を軽視する教育」を長く受けてきたからである。

「現代社会において、大きな影響力を持つ社会哲学をあげよ」と言われれば、私は「自由至上主義」と「社会自由主義」の二つをあげる。自由至上主義とは「市場に任せておけば、各人の努力は報われる」という哲学である。これに対し、社会自由主義は「市場に任せるだけでは、正義は実現しない」とする主張である。この二つの社会哲学は水と油の関係にあり、決して互いを受け入れることはない。戦後教育の中で、私たちは、あまり意識することなく、幾度となく、この二つの社会哲学を学んできた。

おもしろいことに、相反する二つの哲学であるが、根底に目を向けると、いずれも同じ前提から出発していることに気づく。それは『よき考え方』など、他人に押しつけてはならない」「よいかわるいかは、各自が自由に決めること」という前提である。このため、戦後世代は、他人から「よき考え方を持つことが大切」などと言われると、知らず知らずのうちに拒否反応を起こしてしまうのである。

しかし、「よき考え方を持つこと」は本当に拒否すべきことなのか。ＪＡＬ幹部に対する研修で、稲盛氏が最初に触れたのは「人生・仕事の結果に関する方程式」であった。この研修に参加した幹部たちは、氏より「方程式の中でもっとも重要なものが『考え方』である」との話を聞いた時、頭を殴られたような思いだったという。

破綻前のＪＡＬには有能なスタッフがそろっていた。熱意を持った幹部や若手もいた。いわば、ビジネスに必要な「能力」と「熱意」はそろっていた。この「能力」と「熱意」のうち、多くの社員は自らの「能力」に強い自信を持っていた。

だから、彼らは、会社がどんなに傾いても、「自分の能力と貢献をもっと評価せよ」「それに見合う賃金を支払え」と経営側に求めていた。しかも、パイロットの組合、キャビン・アテンダントの組合、整備員の組合、地上スタッフの組合など、さまざまな職種別組合が競い合うように、各自の処遇や労働条件の改善を要求していた。こうした状況を打開するため、何人もの経営者が、幾度となく経営方針や経営計画を練り直し、会社の再建を試みてきた[2]。しかし、それらはすべて失敗に終わった。

社外より再建計画を策定し、ＪＡＬに抜本改革を迫った政府、そして自民党や民主党はどうだったのか。予想がつくように、政府も、政党・政治家も「よき考え方の実践」など求める者は誰一人としていなかった。彼らがやったことは、結局、再建計画における数値目標の書き直しであった。[3]

つまり、削減する人員数、燃費の悪い大型航空機の削減数、新規購入する中小型機の台数、運航停止する低収益路線の数、圧縮する有利子負債の金額など、数字上の議論を繰り返すのみであった。厳しい表現かもしれないが、「口は挟むが、汗はかかなかった」と言いたい。

その結果、ＪＡＬは莫大な負債を抱え、完全に破綻した。そんな中、ただ一人、稲盛氏だけが『『よき考え方』の必要性』を訴え、身をていしてＪＡＬに新たな命を吹き込んだのである。「方程式」に関する詳しい説明は、第一章にゆずるが、それは「考え方」のよしあしで、「結果」は大きく変わるというものであった。先の二つの社会哲学が完全に排除した「考え方」というファクターが、ＪＡＬという巨大組織の運命を一変させた。私たちは、この事実を直視し、社会哲学としての稲盛哲学に、真摯に学ぶべきではなかろうか。

もちろん、すでに多くの企業や経済人が、ＪＡＬ再生の意義に着目し、氏の「経営哲学」や「人生哲学」に学んでいる。しかし、氏の思想と実践は「経営・人生哲学」という範疇だけに収まるものではない。それは、西洋由来の自由至上主義や社会自由主義の限界を補い、それを超える新たな発想を提示するものでもある。

ＪＡＬの方々には、こう表現すると失礼かもしれないが、ＪＡＬ破綻と再生は、百年に一度あるかどうか分からないほどの「貴重な社会実験」であった。これを見た歴史の証人として、本書では「考え方の大切さ」をうたう稲盛社会哲学の核心に迫っていきたい。

本書に出てくる高校生との対話

こうした理解を伝え、かつそれを通して、混迷する現代社会に新たな方向を示すのが本書の主要な目的である。しかも、これを企業や経済人だけの理解や納得にとどめるのではなく、若い世代にまで伝えるのが狙いである。

とくに、若い世代への伝承という点を重視し、変則的ではあるが、本書は、至るところで女子高生との対話を持ち込むことにした。すでに説明したが、こうした展開にしようと決めたのは、都内のある女子高等学校で、特別講義を行ったのがきっかけである。数年前に講義依頼を受け、そのあと、毎年、授業を行ってきた。対象となるクラスは、同校がもっとも育成に力を入れる特別コースで、全員が留学経験を持つ高校三年生、約三〇名であった。

大学生相手の講義は日頃からやっており、私なりに要領を得ているつもりでいたが、こと高校生となると、しかも英語が大好きな女子生徒となると、事情はだいぶ違ってくる。このため、「稲盛氏の思想や実践がどのような意味を持つか、彼女たちにうまく伝えることができるか」「下手をすれば、話は固くなり、場もしらけるかもしれない」と悩み、一度は講演を断ろうとした。だが、「この経験で、もし彼女らの感性や発想を理解できれば、それはそれで、私にとって大きな収穫になる」と考え、最終的に依頼をお引き受けすることにした。結果、勝手な誤解と言われるかもしれないが、現在の私は、若い世代の感性や発想を理解したような気になっている。

以上の理由から、本書では、高校生とのやり取りが話の中心となる。ただ、高校で実際に行った講義は、六〇分~九〇分程度で、非常に短かった。それゆえ、実際のやり取りを原稿化するだけでは、著書として分量的に不十分であった。これを出版物とするには、どうしても生徒との対話を書き加える必要があった。このため、私は「彼女たちの感性や発想を念頭におけば、こんな説明になろう、その際、彼女たちの反応はこうなるはずだ」と想像しながら、対話部分を本書に付け加えていった。こうした措置をとったのも、若い世代の人たちにできるだけ抵抗なく読んでもらいたいとの思いからである。読者には、この点をあらかじめお断りしておきたい。

1 大田嘉仁「日本航空の再生プロセスと経営哲学の浸透」『京セラ経営哲学寄附講座』京都大学経営管理大学院、二〇一四年、三九頁。
2 町田徹『JAL再建の真実』講談社、二〇一二年、七八-一一〇頁。
3 町田徹『JAL再建の真実』一一二-一五二頁。

第一章

社会哲学としての功利主義

稲盛氏の思想と実践といえば、経営哲学や人生哲学のことだと考えるのが一般的だ。しかし、本書ではあえて「社会哲学」という側面に焦点をあてて、話を進めていく。なぜか。

それは、第一に、氏が語る内容に社会哲学としての議論が含まれているからだ。これまでほとんど誰も指摘しなかったことかもしれないが、氏の哲学は十分に「社会哲学」の域に達している。これが社会的側面に焦点をあてる主な理由だが、それと同時に、若い世代に稲盛哲学を伝えるとすれば、何はともあれ、社会の問題から入っていく方がはるかに理解しやすいからである。

たとえば、ほとんどの女子高生は、会社を経営した経験などない。その人生も、十数年にすぎない。だから、経営や人生の哲学を語ったところで、彼女たちにはピンと来ない。本質的な部分を語ろうとしても言葉だけが上滑りし、彼女たちの心には響かない。だから、私は高校生たちが公民科目で習う「社会、倫理、政治、経済」のテーマに関連させ、稲盛哲学を語ることにした。

一、仕事の結果に関する方程式とは

では、いかなる意味で、稲盛氏の思想と実践が「社会哲学」の域に達していると言えるのか。エッセンスは、氏が主張する「人生・仕事の結果に関する方程式」にある。[4] この方程式は、名称が長すぎるので、とりあえず、「人生の結果」という部分をはずし、単に「仕事の結果に関する方程式」と呼んでおきたい。

この方程式で言う「仕事の結果」には、多くのものが含まれるが、ここでは、人がある仕事に従事し、それを通して得られる「生活の糧」全般を指すものとする。それは、ある職務をこなすことで得られる「所得」であるかもしれないし、個人の立場で取引した結果、手にする「物資」であるかもしれない。また相手より受けとる「信用」かもしれない。

どのような形であっても、それらは、人が生きていくうえで助けとなる「生活の糧」を意味する。厳密に言えば、稲盛氏自身の定義とは異なるが、これを仮の定義として「仕事の結果」と呼ぶことにしよう。このように整理すれば、「仕事の結果に関する方程式」は、実は「どのような原理にしたがって、生活の糧が社会の中で配分されるか」を示す定式となるのである。

話を広げる前に、稲盛氏の言う「仕事の結果に関する方程式」について、今少し説明を加えておこう。それは、上の計算式で表される。

仕事の結果 ＝ 考え方 × 熱意 × 能力

稲盛氏は、熱意と能力が、それぞれ1～100までの幅をもつと説明するが、本書では単純化し、数字の幅を1～10とする。ここにいう「能力」とは「才能や適性、身体的な特徴、そのあとの人生で獲得した技能や知識」などを指す。能力は、高ければ高いほどいいと考えるのが普通であるが、氏は、仕事の結果は能力だけでは決まらない、と言う。それは「熱意」と「能力」のかけ算で決まる、と捉える。

では「熱意」とは何か。それは「あることに意義を見い出し、積極的に打ち込む姿勢、途中で投げ出さず、最後までやり抜く意志」などを指す。稲盛哲学が強調するのは、たとえ能力が10でも、熱意が2にとどまれば、その積は20に終わるが、逆に、能力が6にとどまっても、熱意が10あれば、つまり、真剣に取り組む姿勢が10

であれば、その積は60にもなるという点にある。

方程式の最大の特徴は、この「熱意」と「能力」に、もう一つ「考え方」という変数を加え、仕事の結果をこれら三つの変数の「積」とする点にある。興味深いのは、「熱意」と「能力」がそれぞれ1〜10の幅しか持たないのに対し、「考え方」だけは、マイナス10〜プラス10の幅を持つ、とする点だ。

マイナスからプラスの幅を設けるのは、「考え方」に「よきもの」と「あしきもの」があり、仮に「あしき考え方」に基づいて行動すれば、たとえ「熱意×能力」が60であっても、仕事の結果はマイナスになってしまうからである。逆を言えば、この方程式は、「能力」（たとえば、6）が劣ったとしても、「強い熱意」（たとえば、10）と「よき考え方」（たとえば、プラス5）を持って事にあたれば、結果はプラス300にもなる、ということを強調する。

「仕事の結果に関する方程式」が説得力を持つかどうかについては、第五章以降で考えることとし、ここでは、この方程式が、まさに「社会のあるべき論」そのものだということ、つまり、社会哲学の核心に触れるものだということを指摘しておきたい。そして、これが、西洋由来の二つの社会哲学に、大きな反省を迫る新たな哲学になり得ることを示唆しておきたい。

二、社会哲学が扱うテーマとは

社会哲学が扱うテーマを三つあげるとすれば、どのようなものになるか。講義依頼を受けた女子校の授業で、次の問いを投げかけ、生徒たちといっしょにテーマを探ってみた。

「皆さんは、どのような社会で生活したいですか」。

これに、生徒たちは「平和な社会、安心できる社会、とにかく幸福を感じる社会」と答えてくれた。

「では、そのような社会に欠かせないものは、なんですか」。

この問いには、いろいろな言葉があがってきたが、中でも多かったのは「自由であること」

「公正であること」「豊かであること」であった。言い換えれば、「生活する人々の『自由』が守られ、皆が納得できる『正義』（公正）が実現され、さらに『豊かさ』が感じられる（貧困がなくなる）こと」と、生徒たちは考えていたわけだ。

実は、これこそ「社会哲学」が扱ってきたテーマである。皆が幸福感を持って生活するには、いったい何が欠かせないのか。生徒たちは、それを「自由、正義、豊かさ」に求めたのである。

これらのテーマを扱う思想や哲学は、遠く、古代ギリシャのプラトンやアリストテレスにまでさかのぼる。ただ、現代社会に大きな影響を及ぼしている社会哲学を念頭に置いて考えるならば、とりあえず、中世ヨーロッパ末期にまでさかのぼれば十分であろう。

三、中世の終わりと議論の始まり

ヨーロッパは、中世という時代の終わりとともに、新しい思想を模索し始めた。中世は、国王、領主、法王といった社会の頂点に立つ者が、臣民・領民・信者に対し望ましい生活のあり方を示す時代であった。どのように仕えるべきか、どのような仕事に就くべきか、どのように生きるべきかなどは、上に立つ者の「命令」、あるいはそれが制度化された「伝統・慣習・教訓」によって決められていた。

現代風に言えば、各自の自由はほとんどなかったわけだ。とくに服従する側には、支配と服従の関係を勝手に解消する「自由」などなかった。その意味で、中世は自由のない暗黒時代であった。ただ、多くの庶民は、「命令」や「伝統・慣習・教訓」に激しく抵抗したわけではなかった。それは、多くの者が「命令」にしたがうことで、社会の中に「秩序」が形成される、と暗黙のうちに了解していたからである。

留学経験のある女子高生たちに、少しでも関心を持ってもらおうと考え、「皆さんは、英語に強いですよね。では『命令する』という英語ですが、これにあたる単語をあげてくれませんか」と質問した。

すると、彼女たちはすぐに、Order という単語をあげた。「さすがですね」と持ちあげ、さらに「では、名詞としてOrderを使う場合、その日本語訳はどうなりますか」と尋ねてみた。

返ってきた答えは「注文、発注、命令、順番」などであった。「そうですね。その通りです。ただ、まだ他にもありますね。なんでしょう。考えてみてください」と促してみた。すると、一人の生徒が「秩序、ですか」と声をあげた。

「命令する」（Order）という動詞は、「秩序」（Order）という名詞でもある。同じ単語がこのように異なる意味を持つのはなぜか。それは当時の人々が「命令があるから、秩序ができる」との考え方を無意識のうちに受け入れていたからである。「上からの命令（Order）が、社会に秩序（Order）を与える」と考えていたわけだ。

こうした発想が根付いた中世ヨーロッパであったが、ルネサンス（文芸復興）を経て、大航海時代を迎え、社会の秩序は揺らいでいった。そして、中世末期の宗教改革でカソリック教会による秩序が壊れ、一七世紀以降に起こる市民革命で封建体制が瓦解し、最後には国王を処刑するという事態にまで至った。ピラミッドの頂点にあった国王の首をはねるということは、中世ヨーロッパに形成された「秩序」の源を、市民が自らの手で絶つことを意味していた。

さて「中世という時代を否定し、秩序を壊せば、それですべて良し」かというと、決してそうではなかった。当然、人々が生活する限り、新たな秩序を形成する必要があった。そのため、秩序崩壊後、人々は「いったいどのような社会を構築したらよいのか」「新しい秩序はどう形成したらよいのか」を真剣に議論するようになった。つまり、中世という時代が終わるとともに「社会のあり方」を巡る議論が巻き起こったのである。

人は、本来、自由である。神は、神の意思を地上で実現するため、個々人に自由を与えた。だから、各自には「自然権」としての「自由」(神に由来する自由)がある。しかし、各自に「自由」だけを認めれば、今度は、皆が勝手なことをやり始め、社会は、混乱に陥ってしまう。

力のある者が力のない者を支配し、再び、弱い者の「自由」を奪うことになる。また、力のある者同士でも、戦いが繰り返され、双方が多くの命と財産を失うことになる。これは決して望ましい状態ではない。

それを避けるため、市民は、各自が権利として持っていた「自由」のうち、「統治に関する権利」を一旦放棄し、これを国王や代表者に委ねるべきだ、といった主張が出てくることになる。これが、トマス・ホッブズ（1588〜1679年）やジョン・ロック（1632〜1704年）などに代表される社会契約論者たちの議論であった。

道徳哲学者も、それぞれの主張をぶつけ合った。人には、そもそも「理性」や「共感する力」がある。相手に対し、あることをやれば、相手が喜ぶかどうか、相手が傷つくかどうか、各自は行動を起こす前に、相手の反応を推測することができる。人は、相手の立場に自らを置き換え、何をなすべきか、何を控えるべきか、を判断することができる。

神はそのような能力を人々に与えてくださった。また、神は、各人のそうした能力を介して、「秩序」が社会に形成されるよう、この現象界に「自然の法則」を周到に組み込んでくださった。だから、各自の理性と道徳的判断にゆだねれば、すべてがうまくいく。こうした主張は、「経済学の父」とされるアダム・スミス（1723〜1790年）によるものであった。

四、功利主義の登場

「皆さんは、公民科目の中で、ホッブズ、ロック、スミスなどの哲学者について勉強したと思いますが、彼らがやろうとしたのは、結局、どうすれば、社会の中に新たな秩序を形成できるか、という議論だったんですよ」。

「ただ、彼らの主張は、一般庶民には難しかったんでしょう。最終的には、非常に分かりやすく、馴染みやすい主張が社会に受け入れられていきました。やはり、庶民は、難しい理屈よりも、簡単な考え方を、しかも自分たちのやっていることを『よいこと』と言ってくれる思想を望んでいたんでしょうね」。

「皆さんも、どこかで聞いたことがあると思います。その思想が『功利主義』と呼ばれる社会哲学でした。内容は、一人ひとりは自分の幸福を自由に追求してよい、自分に苦痛を与えるものがあれば、それは避けてよい、減らしてよい、というものでした。もちろん、他人の自由を侵害しない範囲で、という条件は付いていましたが、人々は条件部分よりも、幸福の追求が倫理的に正しいとする説明箇所に魅了されたんです」。

「さらに強調しておきましょう。この功利主義は、幸福の中身は、誰からも強制されない、中身は各自が決めてよい、としました。つまり、『何が正しいか』は、もはや教会や伝統・慣習が決めることではない、としたんです。それだけに、庶民は、功利主義を拍手喝采で迎え入れたんですね」。

こうして、功利主義は、近代を特徴づける有力な社会哲学となった。幸福を大きくし、不幸を小さくすること、幸福の中身は各自が決めてよい、これが一人ひとりの生き方として、また社会のあり方として「倫理的に正しい」としたのである。

さて、この社会哲学の下では、国家や政府が推進しなければならない「望ましい政策」は、国民の幸福がもっとも大きくなる政策、ということになる。国民一人ひとりの満足度を計算することができると仮定すれば、その合計がもっとも大きくなる政策こそ望ましいとしたわけである。これが、公民科目の教科書に出てくるジェレミ・ベンサム（1748〜1832年）の「最大多数の最大幸福」という考え方である。

しかし、庶民に歓迎されたこの「最大多数の最大幸福」も、やがて、大きな落とし穴があり、それだけでは、社会の構成原理になり得ないと批判されるようになる。この落とし穴を理解してもらうため、生徒たちには、次の話をしてみた。

五、功利主義の落とし穴

「昨年、こちらの高校で、学校生活に関する満足度調査を実施したとします。その結果、皆さんの満足度は、三〇〇点満点中、一〇〇点だったとします。決して高くなかったため、高校側は、今年、皆さんが自由に使えるカフェテリアを新たに開設することにしました。その結果、今年の調査結果は、二〇〇点となりました。皆さんは、この結果を見て、カフェテリアの新設は正しかったと考えますか」。

この問いには、全員、「正しかった」と答えた。満足度の合計が一〇〇点から二〇〇点に増えたのだから、これを歓迎しない者は一人もいなかったわけだ。功利主義的に言えば、生徒たちの満足度は大きく上昇したのだから、カフェテリアの新設は倫理的に正しかったとされるのである。

生徒たちの感想をもらったうえで、再度、あり得ない状況ではあるが、次のような異様な質問をしてみた。倫理の問題を考えるにあたり、これがもっとも分かりやすい問いと思ったからである。

「さて、ここで突然ですが、学校側は、さらに誰か一人、生徒をランダムに選び出し、その子だけ、一年間、校舎のどこかに閉じ込めることにします。食事や排泄など、生きていくうえで必要なこと、最小限のことは認めますが、それ以外、この子には自由を与えません」。

「えー、なんで学校がそんなことするの」「嫌だぁ」「わけ分かんない」などの声があがった。

私は、予想外の反応に少し笑ってしまったが、とりあえず「これは、仮定の話ですから。ここで反応しないでくださいね。もう少しだけ、話を聞いてもらえますか」と言って、講義を続けた。

「当然、自由を奪われたその子は、苦痛を感じることになりますが、その生徒一人の苦痛分を差し引いて、残りの生徒の満足度を合計したところ、なんと二七〇点に上昇しました。先ほどの二〇〇点よりもさらに大きくなったわけです。この時、皆さんは、学校側がランダムに一人の生徒を選び出し、その子を幽閉することに賛成しますか」。

これには、誰も賛成の声をあげなかった。全員が反対した。満足度の合計がさらに大きくなったにもかかわらず、彼女たちは、これを「受け入れられない」とした。「選ばれた人がかわいそう」というのが直接の理由であった。もちろん、そこには「自分が選ばれるかもしれない」という最悪の状況を連想した生徒もいたはずである。

生徒たちが反対した真の理由は分からないが、とにかく、彼女たちはこれを直感的に「受け入れられない」と判断した。こうした反応が出てきたのは、功利主義が論理的な限界をそのうちに抱えているからである。すなわち、功利主義が「選ばれなかった生徒たち（多数派）の満足度が増すのであれば、選ばれた生徒（少数派）が不利益をこうむっても構わない」との冷たい論理を内有しているからである。加えて言えば、それが全体の幸福（社会の厚生）を増やすことだけに重きを置き、「社会（学校）の中で、どのように幸福を配分するか」について何も語っていないからである。

ここに、功利主義の落とし穴があるわけだ。もちろん、「功利主義のすべてが不完全で、それにしたがって行動してはならない」などと言うつもりはない。それは、私たちが、ほぼ毎日のように、使っている当たり前の発想法だからである。

確認のため、生徒たちには、次のような例を出し、功利主義の話をまとめた。

「皆さんが、ショッピングをする時、この発想法にしたがっているはずです。服を買うか、お菓子を買うか、コンサートのチケットを買うか、とにかくお金を使う時には、皆、支出するお金（不満足）と、支出によって得られる満足を比較し、その差がもっとも大きくなるモノを購入しているはずです」。

「この発想法は、皆さんだけが使っているわけじゃありません。企業を経営する人も、政治に携わる人も、皆、この発想法で物事を考え、判断しています。たとえば、経営者は、新たな工場を建設するかどうかを検討する時、建設に要する費用と、将来、得られる収益を比較し、得られる収益の方が大きくなると判断すれば、この建設を正式に決定します。これも功利主義的な発想なんです」。

「つまり、私たちは、ほとんど毎日のように、さまざまな場面で、さまざまなレベルで、功利主義的な判断を繰り返しているんですね。だから、功利主義を全面的に否定するわけにはいきません。ただ、それが不完全な思想である、ということも覚えておいてください」。

4 稲盛和夫『心を高める、経営を伸ばす』ＰＨＰ、二〇〇四年、二六-二七頁。

第二章

自由至上主義が功利主義の限界を克服する

近代以降の社会は決して愚かではなかった。哲学者たちは「功利主義が限界を抱えているのであれば、これを是正しなければならない」と考え、新たな議論を開始したからである。その先鞭をつけたのが「自由至上主義」であった。

繰り返しになるが、功利主義の限界は、少数派の自由を犠牲にし、全体の満足を増やす点にあった。それゆえ、功利主義の限界を克服するための社会哲学は、多数派だけでなく、少数派の自由や利益まで考慮するものでなければならず、しかも「各自にどのように所得や富（幸福感や満足度）を配分したらよいか」を明確に示すものでなければならなかった。自由至上主義は、簡潔明瞭な説明をもって、その要請に応えた。

一、自由至上主義はどう説明したか

「皆さんは、誰が自由至上主義を唱えたのか、あまり関心はないかもしれませんが、とりあえず、代表的な論者の名前を二人、あげておきましょう。一人は経済哲学者のフリードリヒ・ハイエク（1899〜1992年）、もう一人は政治哲学者のロバート・ノージック（1938〜2002年）です。一人ひとりの理論の詳細については説明しません。共通する点だけを紹介しましょう」。

「エッセンスは、国家や政府は余計なことをしない、口出ししない。人々が行う活動は、そして人々の間の取引は、『市場《しじょう》』に委ねればよいということです。『市場』という言葉は、商品やサービスを売ったり、買ったりする場所を指します。たとえば、皆さんが、コンビニエンスストアに立ち寄って買い物をすれば、そこも市場の一部となります。また学校も、授業料を払って教育サービスを受けているわけですから、市場の一部ということになります」。

「自由至上主義は『政府』ではなく、『市場』に委ねれば、多数派、少数派に関係なく、皆が、各自の意思に基づいて財・サービスの交換を行うことが可能となるため、各自の『自由』が保障される、と説きました。買いたければ買う、売りたければ売る。その『自由』を皆に等しく認める、と主張したわけです」。

「もう一つ重要な点があります。それは、市場に任せれば、『正義』も実現するとしたことです。功利主義は幸福をどのように配分するかについて何も語りませんでした。『最大多数の最大幸福』は、幸福の総量を大きくするという点だけに関心を向けていましたね。これに対し、自由至上主義は、政府が余計なことをしなければ、一人ひとりは、その努力に応じて評価され、結果として、社会の中に『正しい配分』が実現する、としました。少し難しい言葉ですが、これを『配分的正義』と言います。覚えておいてください」。

「さて、皆さんは、今の社会では、各自の努力は、おおよそ正しく評価され、報われている、と思いますか」。この問いに、生徒たちは、何の疑問も持たず、「そう思います」と答えてくれた。

「どうして、そう思うんですか」。

これには「努力した人が実際に報われている、と思うので…」「報われると思っているから、スポーツ選手なんかは頑張れるんじゃないでしょうか」と、率直な感想を語ってくれた。

「確かにそうだね。テニスのジョコビッチ選手や錦織選手は、これまで努力してきたから、今、世界で高く評価され、報われている、と言えますね」。そう言いながら、私は生徒たちが純真な目で世の中を見ていることに若干の嬉しさを感じた。

二、自由放任思想とは異なる自由至上主義

さて、誤解があってはならないので強調しておくが、自由至上主義は「自由放任」（レッセ・フェール）を唱えたわけではない。「政府が余計なことをしなければ、すべてうまくいく」「誰もが、皆、勝手に行動すればよい」と言ったわけではないのだ。

かつての「自由放任思想」は各自が自己利益だけを考え、自由に行動すれば、努力は必ず報われると説明したが、当時の事業家たちは「自由放任」という言葉を都合の良いように解釈し、自身の身勝手な行動も正当化した。

同業他者と裏で結託し、商品の価格を吊り上げること、競争相手が増えないよう、参入障壁を設けること、政府の高官や監督官庁の役人に賄賂を渡し、許認可をとること。彼らは、こうした行動も「自由な経済行動」と解したのである。

もしこんなご都合主義がまかり通れば、努力した者、努力している者は、報われなくなる。

賄賂を渡すことも「自由」だと言って、スポーツ選手が審判や相手選手に賄賂を渡すようになれば、まじめなスポーツ選手は正当に評価されず、報われなくなる。だから、自由至上主義は「自由」を曲解する者のご都合主義を正すこと、これも大きな使命としたのである。

「自由至上主義は、『政府に何もするな』とは言いませんでした。むしろ、自由至上主義は、政府がやるべきことをはっきりさせたんです。いろいろな役割はありますが、中でも、取引環境を整え、自由な競争を促すこと、競争を阻害する要因や行為があれば、これを徹底的に排除すること、これらを政府の重要な役割としたんです」。

「政府が、こうした機能を果たすようになれば、つまり、市場のルールが正しく機能するようになれば、皆、自身の利益を求めて自由に行動するようになります。中立的な審判がいれば、皆、まじめに努力するようになります。結果、少数派であろうが、多数派であろうが、差別なく等しく努力が報われるようになるわけです」。

「そして『自由』や『正義・公正』が守られていると人々が感じるようになれば、当然、人々は、さらに一生懸命、努力するようになります。皆が懸命に働くようになれば、社会には、より良いモノが、より多く、より安く、流通するようになっていきます。つまり、社会は『豊か』になるわけです」。

「今、つらつらと、自由、正義・公正、豊かさ、という言葉を並べましたが、思い起こしてください。この講義の冒頭、私は、皆さんに『どのような社会で生活したいですか』と尋ねました。皆さんは何と答えましたか」。

「確か、平和な社会、安心できる社会、幸福を感じる社会、と言ったはずです。そうでしたよね。そして、私は、皆さんに『そうした社会をつくるには、何が欠かせませんか』と尋ねました。すると、いろいろな条件が出てきましたが、その中でももっとも多かったのが『自由であること』『公正であること』『豊かであること』でしたよね」。

この説明で、生徒たちは、私が何を言おうとしているのかに気づき、「ああ、そうか」「そこにつながっているんだ」などと声をあげた。

彼女たちは、自由至上主義がこの三つについて立場を明確にした思想であるということに、つまり、「生活する人々の『自由』を守り、皆が納得できる『正義』（公正）を実現し、さらに社会を『豊か』にする」ための哲学であるということに気づいたのである。

三、自由至上主義を表す方程式は

さて、自由至上主義は、功利主義の限界を正すため、またかつての極端な自由放任思想を修正するため、「人々の間の取引は、市場に委ねればよい」「市場に委ねれば、各自の能力や工夫は市場で正しく報われる」「政府は、競争を阻害する要因を徹底的に排除しなければならない」と説いた。

ただ、稲盛哲学との関係で言えば、自由至上主義は、功利主義と同様、ある特定の価値を「よきもの」として提唱することはなかった。特定の価値の押しつけは、「自由」の精神に反すると解したからである。

自由至上主義のこれらの特徴を一旦ここで整理しておこう。先の「仕事の結果に関する方程

仕事の結果 ＝ 熱意 × 能力
前提条件：① 国や政府は、国防や治安などに必要な最小限の税を徴収すること
② 国や政府は、競争を阻害する要因を徹底して排除すること

式」の枠組みを借用し、特徴を並べれば、上のようになるはずである。

一言で言えば、自由至上主義とは「熱意×能力」の積だけで「仕事の結果」が決まる、とする哲学である。たとえば、能力は7あるが、熱意は2にとどまるモチベーションの低い者がいると仮定しよう。力はあるが、やる気がない、ということだ。その者の場合、社会より得る所得は、かけ算で14になる。

これに対し、能力は4と劣るが、熱意の高い者がいるとしよう。たとえば、熱意が9だとする。この者の場合、社会より得られる配分は、36となる。荒っぽい説明ではあるが、これが自由至上主義の説く「仕事の結果に関する方程式」となる。もっとも、この方程式には、いくつかの前提条件が付くが、主張の中心は、あくまでも、各自が自由に能力と熱意を発揮すれば、あとは市場が結果を正しく決めてくれるというところにある。

自由至上主義の方程式を黒板に書いたうえで、生徒たちに尋ねてみた。

「すでに稲盛さんの『仕事に関する方程式』を見てもらいましたが、今、黒板に書いた新方程式と何が違うんでしょうか」と、あまりにも分かりやすい質問をした。

すぐに「『考え方』という変数があるかどうかの違いです」と、一人の生徒が発言。

別の生徒が、尋ねもしないのに、「私は『考え方』を方程式に入れておいた方がよいと思います」と感想を述べた。

「稲盛さんの方程式の方がよい、ということですね。ありがとう。他の皆も、そう感じますか…」と質問。

とくに声があがらなかったため、私は「…とすれば、このクラスは自由至上主義を支持しない、ということになりますね」と念を押した。

私のこの言葉に、おそるおそる一人の生徒が手をあげ、「私は、方程式の中に『考え方』はなくてもよいと思います」と発言した。

「おもしろい意見が出てきましたね。勇気をもって発言してくれて、ありがとう。勇気の出しついでに、もう一言、なぜそう思うか、感じるところを話してくれませんか」と促した。

「よく分かりませんが、そもそも『考え方』のよしあしをどう評価するのか、何か、とても難しいような気がします。一人ひとり、よしあしの基準が違ったりするかもしれませんので…」と、彼女が意見を控えめに述べた。

「なるほど。これは素晴らしい指摘ですね。自由至上主義者も、そう考えたと思いますよ。もし一人ひとり評価の基準が違えば、社会として一貫性がないということになります。また一貫性がなければ、それは仕事の結果を決める変数としてはふさわしくない、ということにもなりますね」。

「では、評価に一貫性を与えるため、誰かが『よき考え方とはこういうものだ』と強制的に決めたらどうでしょうか。よしあしの判断を、社会の中の誰かに委ねたらどうでしょうか」。

この問いに、生徒たちはすぐに反応した。「そんな社会では、自由がなくなってしまう」「社会の正義が歪められるかも…」「もしかしたら、豊かさも失われるかも…」。

生徒たちのこの反応こそ、自由至上主義者が言わんとした点である。ある特定の個人や集団が『考え方』のよしあしを決めるようになれば、今度はその特定個人や集団に絶大な権限が集中することになる。ある者がある価値のみを「よいもの」として決定・提唱するようになれば、かつての共産主義国がそうであったように、価値を決定する者による独裁が進み、社会の自由と正義は損なわれることになる。だから、自由至上主義は、方程式に「考え方」という変数を入れなかったのである。

四、自由な意思に基づく取引なのか

さて、自由至上主義は「自由な意思」に基づく取引に委ねれば、各自の努力が市場で正しく評価され、「配分的正義」が実現し、貧困も解消する、とした。「自由」「正義」「豊かさ」すべてがそろう、とした。しかし、本当にそうか。さらに疑う必要がある。

「皆さんは、自由至上主義が前提にしていた『自由な意思に基づく取引』という表現に何か違和感を覚えませんか。市場で取引する人たちは、皆、本当に、自由な意思に基づいて行動していると思いますか」。

この問いには、なかなか答えが返ってこなかった。沈黙するのみであった。おそらく、生徒たちは「社会においては、誰もが自由な意思に基づいて取引している」と思っていたのであろう。そこで次の話をしてみた。

「そもそも、自由な意思に基づく取引が成立するためには、各自が対等の立場に立っていなければなりません。一方が、他方よりも、優位な立場にあれば、その立場を利用して、優位にある者は、劣位にある人に無理を強要できるからです。逆に、不利な立場にある人は、それがぎりぎりの状況であれば、たとえ不合理な要求であっても、提示された条件をそのままのんでしまうからです。通常、こうした取引は、自由な意思に基づくものとは言いません」。

確かに、優劣がある取引というのは例外的なケースで、社会全体から見れば、とるに足らない事象と言われるかもしれない。中世が終わり、近代社会が登場したばかりの頃であれば、一人ひとりは、独立した商人として行動していたのかもしれない。ある者は布やじゅうたんを作り、他の者はパンや野菜を作り、それらを自由に交換・取引していたのかもしれない。だとすれば、ほぼ対等な立場で取引が行われていたことになる。

しかし、やがて、市場で取引する人々の間に力の差が生じてきた。一方は裕福になり、他方は貧しくなった。資産家が投資する会社は大きくなり、雇われる側は弱い立場に立たされるようになった。その結果、劣位にある者は、優位にある者が示す条件を、不満はあっても、そのまま受け入れるしかなくなった。

労働基準法などの労働関連の法律が整った現在の日本では、従業員はそれほど弱い立場にない、と言われるかもしれない。仮にそうだとしても、従業員という概念も変化し続けている。今では、従業員は、正規社員と非正規社員という新たな分類をもって捉え直さなければならない。

「たとえば、皆さんも耳にすると思いますが、今の日本では、ひとたび非正規社員になると、正規社員にはなかなかなれない、と言います。教育に関しては、裕福な家庭の子供は塾や家庭教師を利用できますが、貧しい家庭の子供はそれを利用できません。その結果、裕福な家庭の子供ほど高い確率で有名大学・有名企業に入るようになっています」。

「皆さんの家庭が裕福かどうかは分かりませんが、少なくとも海外留学できる皆さんは、恵まれた教育環境の中で育ってきたと言っていいんじゃないでしょうか。もしかしたら、皆さんが『自由な意思に基づく取引』という表現に違和感を覚えないのは、恵まれた境遇でこれまで生活してきたからかもしれませんね。答えは分かりませんが、その可能性はゼロではないでしょう」。

劣位にある人は「社会的弱者」と呼ばれる。この人たちは、生きていくため、たとえ厳しい条件でも、納得いかない提案でも、相手の要求にしたがおうとする。それが生きていくうえで残された唯一の選択肢となれば、なおさらである。こうした状況があるとすれば、自由至上主義が想定したような純粋な意味での対等の立場などは存在しないことになる。

フランスの経済学者トマ・ピケティ氏（1971年〜）は、長いタイム・スパンで見れば、貧富の格差は広がり続けている、と言う。彼は、それを過去三〇〇年のデータを使って説明した。仮にピケティ氏が指摘するように、格差が広がり続けているとすれば、社会的弱者は「不自由」な生活を強いられている、ということになる。

そもそも、格差が広がり続ける社会を、多くの人は「正義」にかなった状態とは言わない。持てる者だけが豊かになる社会は、やがて破綻する。それは、歴史が経験してきた通りである。仮に社会がその方向に進んでいるとすれば、自由至上主義は「自由」「正義」「豊かさ」のすべてにおいて、約束を果たせなくなるのである。

五、結果だけで人を評価する社会になる

自由至上主義には、もう一つの大きな落とし穴がある。それは、この方程式が社会的な誤用を引き起こす可能性を持っていることである。本来、自由至上主義の方程式は「社会のあるべ

き論」として、つまり、「理想」として提唱されたものであるが、ひとたび、仕事の結果が「熱意×能力」の積で決まると説明されれば、優位にある者は「現在、劣位にある者は、皆、能力や熱意が足りなかったからそうなった」と主張し始めるかもしれないのである。

「確かに、努力や熱意は大切です。しかし、皆さん、想像してみてください。不幸な人に対し、それは自業自得だ、と指摘し合う社会を。そんな社会で生活したいですか。それは、実に冷たく、住みにくい社会だと思いますよ」。

「私が、こんなことを言うのは、社会や人生には、多くの偶然があるからです。どんなにまじめに、前向きに生活していても、ある時、突然、航空機事故などで、たとえば、皆さんのご両親が命を落としてしまうことだってあるんです。自分たちに原因を帰すことのできない不幸が起こってしまうかもしれないんです。そうした不幸についても、それは、能力不足、努力不足、熱意不足の結果などと言われたら、たまったもんじゃありません。自由至上主義には、こんな落とし穴があるんですね」。

もっとも、自由至上主義のすべてが悪い、ということではない。これは、功利主義がそうであったのと同じだ。現代人の生活は、多くの活動を市場取引に委ねたことで、間違いなく豊かになった。その意味で、すべて否定することは誰もできない。ただ、全面的に否定できないとしても、私たちは、自由至上主義が「対等な立場」を前提としていることに、またそれが弱者に「冷たい社会」を作りだす可能性を持っていることに留意しておく必要があるのである。

第三章

ケインズが理想とする社会

自由至上主義は完全な思想ではなかった。その落し穴は、つきつめると、社会的弱者への配慮を欠くところにあった。この限界を克服しようとしたのが、ここに見ていく「社会自由主義」である。社会自由主義を唱える哲学者は多く、また多いだけに、その内容も多様である。ただ、主張の核心部分はほとんど同じと言ってよい。

それは「何もかも市場に任せるべきでない」「政府や国家などが調整役となるべき」「政府や国家は、社会的弱者がより平等で文化的な生活を送れるよう、必要な措置を講ずべき」とするところにある。

一、社会自由主義を表す方程式は

すでに稲盛氏の「仕事の結果に関する方程式」を示し、さらに前章では、その方程式の枠組みを借用し、自由至上主義を方程式に焼き直した。本章および次章では、社会自由主義の代表的な思想を見ていくが、その前作業として、同じく稲盛氏の枠組みに重ね、社会自由主義の特徴を整理しておきたい。

批判を覚悟で単純化すれば、社会自由主義は「熱意×能力」の結果をそのまま各自のものとして受領することを認めない思想と言ってよかろう。裏返せば、それは、政府が各自の努力の結果を把握し、社会厚生という観点から徴税・再配分することを要請する思想である。

「皆さんも、分かっていると思いますが、通常、国や政府は、各自の所得や富の大きさに応じて、異なる税率を適用し、一人ひとりから税金を徴収します。累進課税というやつですね。多くの所得を得ている人に対し、より多くの所得税を課し、また両親などから多くの財産を引き継ぐ人に対し、より多くの相続税を課すわけです」。

「こうして徴収された税金は、今度は、国民の利益を考え、あるいは社会全体の厚生を考え、『再配分』されることになります。再配分というのは、集めた税金を補助・援助・支援などの形で、政府が国民・市民に配り直すことを言います。とくに不利な立場にある人に対しては、労働の機会や教育の機会という形で、また苦しい生活を強いられている人に対しては、生活保護などの形で、税金を使っていくことです」。

『教育の機会』について、少し説明しておきましょうか。今、皆さんは、私立高校で勉強していますが、おそらく、こちらの学費は他の高校と比べ少し高いんじゃないでしょうか。ですから、一定以上の所得がなければ、この学校で学ぶのは難しいと思います。皆さん、ご両親に感謝してくださいね。授業料というのは、皆さんが考える以上に、高いんですよ。ご両親は、皆さんの将来を考え、とにかく一生懸命働いて、授業料を納めているんですよ」。

「もちろん、家計は厳しくても、皆さんのように優秀であれば、学校側が独自に奨学金を出すこともあります。ただ、生徒全員に奨学金を出すというのは、学校経営上、無理でしょうから、私立高校の授業料は、どうしても高くなってしまうんですね」。

以上のような前置きをしたうえで、「世の中、もしこちらの高校のような私立学校しかないとすれば、どうなるでしょうか」と聞いてみた。そして、自分で答えた。

「結論です。私立高校だけになれば、高校に進学できない生徒たちがたくさん出てくるでしょう。多くの生徒が『教育の機会』を失うことになるでしょう。そんな社会は望ましくないということで、政府（地方政府）は税金を使い、比較的授業料の安い公立高校をつくり、誰でも教

仕事の結果 ＝ 政府による調整 × 熱意 × 能力
前提条件：① 国や政府は、所得や富の違いに応じて異なる税率を課すこと
② 国や政府は、労働機会や教育機会、生活保護などを提供すること
③ 国や政府は、立場の対等化を図るため、関係法令を整備すること

育サービスが受けられるようにするわけです。国が奨学金制度を充実させるのも、結局、国民や市民に、平等に『教育の機会』を与えるためなんですね」。

徴税と再配分の意味がおおよそ分かったところで、私は「国が徴税し、また再配分することを『政府による調整』と呼ぶことにします」とまとめ、例の「方程式」を上のように修正した。

ここでも、方程式中に「考え方」という変数が入っていないことに注意してもらいたい。のちほど詳しく説明するが、これが、社会自由主義と稲盛哲学との決定的な違いである。大雑把な方程式ではあるが、これを念頭に置き、以下、二人の代表的な社会自由主義者の主張を見ていきたい。

二、ケインズの基本的な問い

一人は、イギリスの経済学者ジョン・メイナード・ケインズ（1883〜1946年）である。最初に誤解があってはいけないので強調するが、ケインズは自由な競争を否定したわけではない。彼の主張の特徴は、市場がうまくいかなくなった時には、「政府による調整が必要」とした点にある。

したがって、彼は直接的に「社会的弱者を救うため、政府による調整が必要」と説いたのではない。ただし、彼の「有効需要」に関する主張を追っていくと、それは最終的に「社会的弱者の状況を改善しなければ、経済は行き詰まる」という結論に行き着いてしまう。その意味で、ケインズの理論は、社会自由主義に分類されるわけだ。

さて、ケインズが登場する以前の社会では、「自由放任思想」が大きな力を持っていた。このため、当時、たくさんの失業者が出ても、自由放任主義の経済学者たちは「失業者が出たからといって、とくに問題はない」「これに対し、政府は手を差し伸べる必要はない」「需要と供給の関係で、問題は自然と解決する」と説いていた。常に、経済は「均衡」に戻ると信じていたのである。

企業が労働者（失業者）を雇用しないのは、彼らに支払う賃金が高すぎると考えるからだ。失業者がたくさん出れば、市場は、当然の流れとして、失業者の求める賃金水準を下げていく。そうなれば、失業者も「水準が下がっても仕方ない」と考えるようになる。そして、それがあるレベルまで下がると、今度は、企業側も「それなら雇おう」と考え直し、採用を開始する。

自由放任の経済学者たちは、このように理解し「失業問題はおのずと解決する」と主張していた。しかし、失業問題は、彼らが考えるような「一時的不均衡という社会現象」ではなかった。状況は深刻化するばかりだったのである。

このため、ケインズは、基本に戻って問題の体系的な分析を行い、慢性的な失業の原因が「企業の生産活動が活発でないこと」「世の中がその生産活動を促すだけの十分な需要を持っていないこと」にあるとした。この理解をもって、彼は、十分な需要（貨幣的支出の裏付けのある有効な需要）があれば、企業の生産活動は活発となり、新たな好循環が生まれ、失業問題も解決する、と説いたのである。

話を進める前に、ここでいったん、国家経済がどのような循環の中にあるのか、大枠を理解しておきたい。

三、国家経済の循環とは

「皆さんは、経済事象の理解は難しいと思っているかもしれませんが、社会で起こっている当たり前の循環のことですから、すぐに理解できるはずです」。こう言って、女子生徒たちに、ケインズが念頭に置いていた「国家経済の循環」について説明してみた。

「経済活動とは、一言で表現すれば、生産することです。企業が生産活動を行うと、また一人ひとりがどこかの工場で生産活動に参加すると、この世の中には、二つのものが生まれます。それは何だと思いますか」と彼女たちに問いながら、結局、自分で答えた。

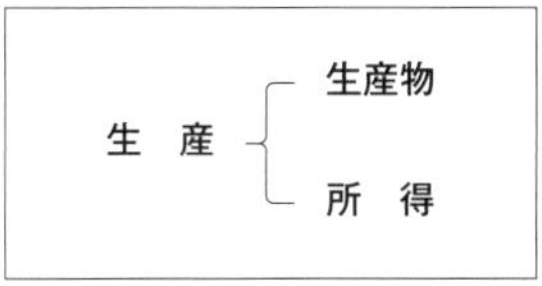

「それは『生産物』と『所得』です。たとえば、皆さんが、ある工場でアルバイトをすると、当然、その工場から生産物が生まれますよね。そして、そこで働く皆さんも、工場側からバイト代をもらうことになります。これを所得と言います。まず、この二つを黒板に書いておきましょう」。

「最初の生産物ですが、これは、さらに『投資財』と『消費財』の二つに分かれます。投資財とは、企業が生産活動を行うために、また生産能力を拡大するために、購入する生産物を指します。たとえば、工場の中に設置される工作機械や産業用ロボット、生産ライン、橋や道路を建設するために企業が購入するセメントや鉄鋼、建設機械などを言います」。

「少し難しいので、とりあえず、皆さんのような消費者が、購入することのない生産物と覚えておいてください。皆さんの中で、自分の部屋に、溶接ロボットを持っている人はいますか。セメント袋を積みあげている人はいますか。そんな変わり者はいませんよね。通常、それは消費者が購入するようなものじゃないからです」。

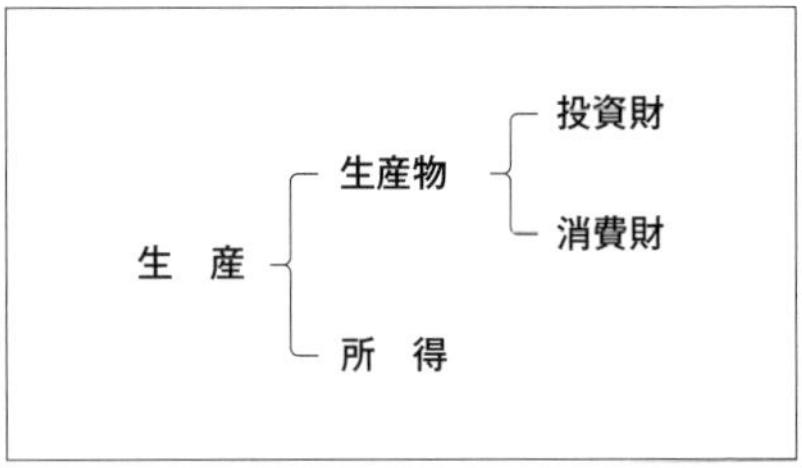

「さて、これに対し、消費財は、一般の消費者が生活するために、あるいは生活を快適にするために購入する生産物です。たとえば、食品や衣料品、住宅、自動車、クーラー、テレビ、携帯電話、音楽プレーヤーなどが、それです」。

以上を説明したうえで、この二つを黒板に書き加えた。

「生産物が二つに分かれるように、所得も二つに分かれるんですね。それは『消費』と『貯蓄』に分類されます。ある人が給与をもらえば、使い道は、消費と貯蓄の二通りしかないからです。使う部分と残す部分と言えばよいでしょう。使う部分が消費であり、残す部分が貯蓄ということです。一般に、残りの所得は金融機関に預けますので、私たちはこれを貯蓄と呼びますが、経済学では、たとえ銀行に預けなくても、残りはすべて貯蓄と言います。要は、将来使うために残す所得が貯蓄となるわけです」。

「今、仮に皆さんが小遣いを銀行に預けるとしましょう。これを預かった銀行は、そのまま小

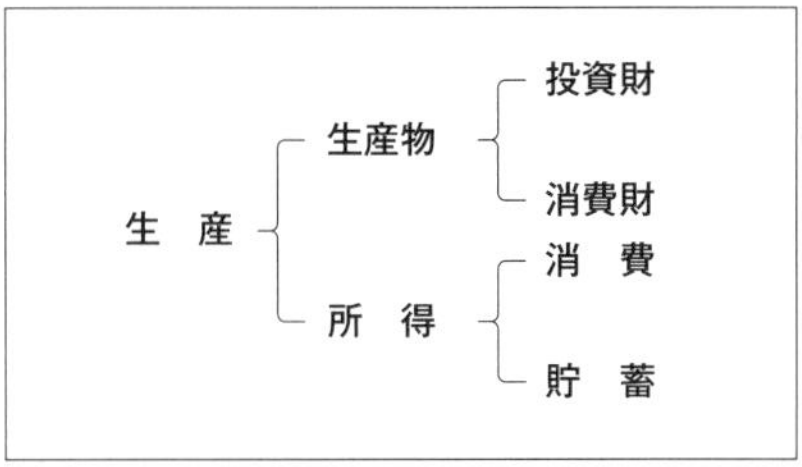

遣いとして金庫にしまっておくわけではありません。金庫にしまっておいても、預金は何の利益も生まないからです。そこで、銀行は、皆さんの小遣いをまとめて、企業などに融資します」。

「では、融資を受けた企業は、このお金で何をするんでしょうか。お金を借りた企業が現金のまま保有することはありません。企業がお金を借りるのは、結局、生産能力などを拡充し、より多くの利益をあげるためです」。

「生産物には二つあると言いましたが、生産能力を拡充するのに役立つ生産物は、投資財となります。消費財ではありません。ですから、企業は、借りた資金で、工作機械や産業用ロボット、建設機械などを購入するわけです」。

「逆に、皆さんが小遣いを銀行に預けず、すべて消費財の購入に充てるとしましょうか。国民全員が、皆さんと同じように、所得すべてを消費に回すとしましょう。この時、たくさん物が売れるわけですから、企業は、もっとたくさんの消費財を効率的に生産しようと考え、一斉に投資財を購入し始めるでしょう。そこで、皆さんに質問ですが、企業は難なく投資財を購入できるでしょうか」。

この質問に、生徒たちは、みごとに答えてくれた。「投資財を購入するには、資金が必要になるんですよね。その資金は銀行から借りてくるんですよね…」。

「そうそう、その通り。銀行は貸してくれるかな」と、生徒の答えを促した。

「銀行にまったく預金がないとすれば、企業には融資できないと思います」と、ある生徒が発言。

「すばらしい答えです。では、銀行に少しだけ預金が残っているとしたら、どうですか」と、さらに質問した。

この問いに、彼女たちは、経済学を学んでもいないのに「融資する際の条件が厳しくなると思います」と答えた。

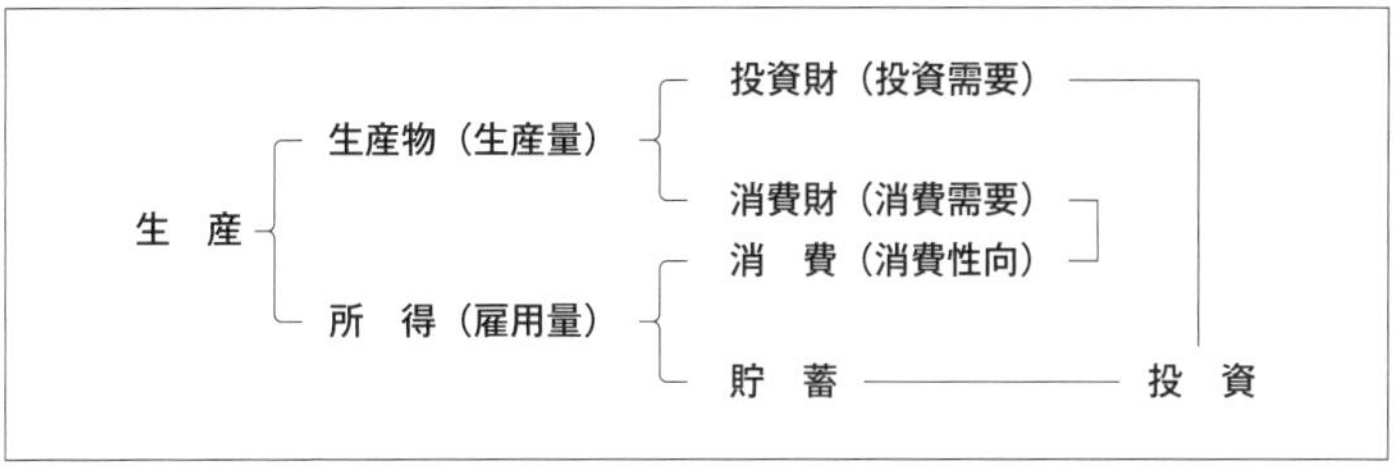

「この答えもすばらしい。皆さんが言う『融資の条件』とは、借りる時の金利が上がるということですね」と説明し、金利が融資や資金量の調整弁になる、という感覚を生徒たちに持ってもらった。

「さて、少し話が複雑になってきましたので、とりあえず、経済全体の循環の中で『貯蓄』がどのような役割を果たしているのかを確認しておきましょう。それは、国家経済の循環図が示す通り、回りまわって『投資』という役割を果たしているんですね」。

四、公共事業が引き起こす相乗効果

この国家経済の循環図を用いて、今一度、それぞれの要素の関係を整理しておきたい。所得のうち「消費」に回す部分が「消費財」の購入に充てられる。そして、所得のうち、「貯蓄」に回す部分が金融機関と企業を介して「投資財」の購入に充てられる。これが順調に回れば、経済はうまく循環し、各自もその中で継続的に「所得」を得ることができる。

「ただ、皆さんに考えてもらいたいんですが、この循環は時としてうまくいかなくなるんです。市場に任せっぱなしでいると、どこかで歯車が狂ってしまうんですね」。

「投資財は、それを購入したいという需要があって初めて売れるし、消費財も、消費財を購入したいという需要があって初めて売れます。これらが売れるから、企業は、継続して生産物の製造・販売を続けるわけですが、何らかの影響で投資財や消費財に対する需要がしぼんでしまうことがあるんです」。

「需要が小さくなれば、当然、投資財と消費財は売れなくなります。これが売れなければ、生産活動は縮小し、多数の労働者が職を失ってしまいます。ケインズは、こうした局面では、政府がダム建設や道路建設などの公共事業を実施したらよい、と説いたんですね」。

「しかし、皆さんどうですか。公共事業の実施くらいで、経済が良くなると思いますか。国全体の景気が良くなり、投資財と消費財に対する需要が大きく膨らむと思いますか。確かに、ダムの建設などに直接関わった人の収入は増えるかもしれませんが、それだけで、一国の経済が良くなると思いますか」。

そう言ったうえで、生徒たちに次の説明をした。

「今、銀行に資金がだぶついているとします。だぶつく、というのは、貸す資金はたくさんあるけど、借りてくれる企業が少ないということです。そこで、国がこの資金を借り、道路や橋を造ることにします。国がこれらの事業を行えば、仕事を受注したX社は利益をあげ、X社で働く従業員も所得を得ることになります」。(図A)

「ここだけ見れば、公共事業の影響は小さいと言いたくなります。X社が利益をあげ、X社の従業員が所得を得て、終わりだからです。ただ、X社とX社の従業員に与えた影響は、このあと、ドミノ倒しのように、次々と他の人や会社に影響を与えていくことになります。経済の循環図を頭に置いて、話を聞いてください」。

図A

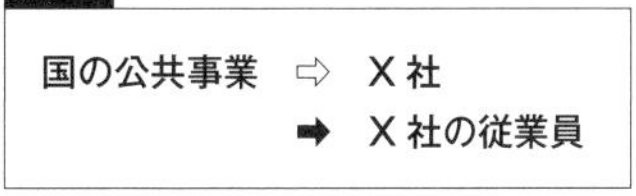

図B

国の公共事業 ⇨ X社 ⇨ Y社
⇨ Z社
➡ X社の従業員 ➡ 消費財の購入

図C

国の公共事業 ⇨ X社 ⇨ Y社
⇨ Z社
➡ X社の従業員 ➡ 消費財の購入 ➡ S企業群

「X社は、納期までに仕事を完了させるため、取引先Y社とZ社に仕事を発注します。あるいは効率的に仕事を進めるため、Y社とZ社より新たな機材・機械などの投資財を購入します。X社の従業員にあっては、新たに得た所得を使い、それまで控えていた消費財を購入し始めます」。（図B）

「ここから、新たな循環が始まるんです。まず下段の ➡ の流れから話をしましょう。X社の従業員が消費財を購入するわけですから、売り手側の企業とその従業員に影響が及んでいきます。売り手側をまとめてS企業群と呼ぶことにします。このS企業群は、製品が売れるわけですから、もっと効率良く生産しようと考え、別の会社より、投資財を購入します」。（図C）

「次に上段の ⇨ の流れを見てください。こちらの方を詳しく説明します。まず、X社に商品を販売したY社、Z社は、

図D

国の公共事業 ⇨ X社 ⇨ Y社 ⇨ A社
⇨ B社
⇨ C社
➡ Y社の従業員
⇨ Z社 ⇨ D社
⇨ E社
⇨ F社
➡ Z社の従業員

図E

国の公共事業 ⇨ X社 ⇨ Y社 ⇨ A社
⇨ B社
⇨ C社
➡ Y社の従業員 ➡ 消費財の購入 ➡ T企業群
⇨ Z社 ⇨ D社
⇨ E社
⇨ F社
➡ Z社の従業員 ➡ 消費財の購入 ➡ U企業群

X社との取引で利益をあげます。Y社、Z社で働く人たちも所得を得ます。Y社、Z社は、さらに他の会社（A社、B社、C社、D社、E社、F社）に仕事を発注し、あるいは投資財を購入します」。（図D）

「この時、Y社、Z社で働く従業員は、新たに得た所得を使い、それまで我慢していたいろいろな消費財を購入します。消費財の購入については、先ほどと同じ話ですので、省略しましょう」。（図E）

「もう分かったでしょう。このプ

ロセスは、次々と他の会社（A社、B社、C社、D社、E社、F社…）に影響を与え、またそこで働く従業員に影響を与え、最終的には、国全体の需要を大きく膨らませることになるんですね。これが、ケインズの考えた『乗数効果』という波及プロセスなんです」。

五、経済の行方を握るのは消費性向

政府が最初のきっかけを作れば、それは、他の経済主体に影響を及ぼし、経済全体を自律軌道に戻し、うまくいけば、成長軌道に導いていく。これが「乗数効果を伴う景気刺激策」と呼ばれるものである。この波及効果についてイメージをもってもらうため、さらにはその効果がやがて小さくなることも理解してもらうため、生徒たちには、池の真ん中に小石を投げ込むような政策として説明してみた。

「池の真ん中あたりに、小石を投げ込むと、小石はチャポンと音をたて、水面に、波紋を描きます。その波は、池全体に広がっていきますが、水がきれいであれば、波は、幾重にもなって、次々と、岸の方に広がっていきます。これが、ケインズのいう乗数効果というやつです」。

「ただ、皆さんに考えてもらいたいのは、そこから先です。今、もし池に油や生活排水などが流れ込み、水がよどんできたらどうなりますか。たとえば、水面に石鹸水の泡が浮いていれば、小石を投げ入れても、波紋はきれいに広がらなくなります。影響は全体に及びにくくなるわけです。そんな状況で、幾重も波をつくるには、皆さん、どうしますか」。

これには「大きめの石を投げ込みます」という回答をもらった。

「確かに、そうですね。少し大きめの石を投げ込めば、また波がたちますね。音も、石が大きければ、チャポンではなく、ドボーンになるでしょうか。ただ、この池に、さらに工業排水やヘドロが溜まってきたら、どうしますか。もう池の水はドロドロ、水面には多数のゴミも浮かんでいます。そこに石を投げ込んでも、効果はすぐに消えてしまいます」。

話に乗ってきた最前列の生徒が「だったら、もっと大きな石を投げ込めばいいんじゃないですか」と、期待通りの発言をしてくれた。

「そうですね。こうなれば、もう巨大な石を持ってきて、池に投げ込むしかないでしょう。実はねえ、政府が行う公共事業も、これとよく似ているんです。最初のうちは小規模な公共事業でも、多くの人に影響を及ぼしますが、これを繰り返すと、その効果はだんだんと小さくなっていくんです」。

「池に投げ込む石のように、もっと規模の大きな公共事業をやらなければ、効果はあがらなくなるんです。政府による公共事業は、通常、借金でやりますから、大規模な事業をやればやるほど、国の借金は膨らんでいきます。現在、多くの先進国政府が莫大な借金を抱えていますが、それは、効果が小さくなる中で、公共事業を幾度もやってきたからなんですね」。

「ケインズ理論は、政府が、景気刺激策をとることで、経済が好循環に戻る、と説明していますが、実際は、国民の所得が増えるにつれ、波及効果は、池の水のように、確実に小さくなっていくんです。どうして小さくなっていくんでしょうか」。

この質問には、生徒たちも、どう答えてよいか分からないようだった。そこで、私は「誰でも所得を増やせば、所得に占める消費の割合を下げていくでしょ」と語り、例をあげた。

「たとえば、皆さんの年収が、昨年四〇〇万円だったとしましょう。その時、毎朝、一杯のご飯を食べていたとします。それが、今年、三倍の一二〇〇万円になった。この時、皆さんは、毎朝、三杯のご飯を食べるでしょうか。所得の増加は、消費総額の増加にはつながりますが、所得に占める消費の割合を増大させることはありません、むしろ、縮小させていくはずです」。

「少し理屈っぽくなりますが、覚えておきましょう。所得のうち消費に充てる割合を『消費性向』といいます。今、それが一〇分の一〇であれば、所得のすべてを消費に充てる、ということです。逆に消費性向が下がり、一〇分の六となれば、所得のうち六割を消費に充て、四割は貯蓄に回す、ということです。いずれの社会も、経済が成熟すれば、国民の所得は増え、またそれに伴い、消費性向は総じて下がっていきます」。

消費性向が下がると、次に何が起こるか。経済全体にどのような影響を及ぼすか。分かりやすいところで言えば、まず消費財の販売が低迷し始める。影響はこれで終わらない。商品が売れないということになれば、今度は、企業も、生産能力を拡充する必要がなくなるため、投資財の購入を控えることになる。つまり、消費性向が下がれば、消費財に対する需要だけでなく、投資財に対する需要も縮小するのである。このように整理すれば、ケインズ理論において、経済の行方を握るのは「消費性向」ということになるわけだ。

六、日本社会の問題で考えてみる

長々と、経済の循環について説明したが、ここからは「ケインズ理論の枠組みに沿って考えれば、社会的弱者の状況を改善しない限り、経済は行き詰まる」とする理由を説明したい。

さて、消費性向が経済の行方を握ると指摘したが、国全体の消費性向だけを見ていても、経済を持続的に発展させるための施策は出てこない。経済が成熟すればするほど、消費性向は下がり、有効需要も縮小する、との説明は「打つ手は何もない」と言っているのと同じだからである。

そこで、現在の日本社会を例にあげ、「とるべき政策」を考えてみたい。その前提として、日本には少なくとも消費性向の異なる「二つの世代グループ」があることを確認しておこう。

通常、消費性向は、若い世代、とくに子育てで忙しい世代で高くなる。受けとった給与の大半を消費に回すためである。これが第一世代グループとなる。これに対し、子供たちが成人し独立してしまった世代では、収入に占める消費の割合は小さくなる。子供のための支出が減少することもあるが、それ以上に、この世代がより強く「老後のために」と考え、余計な支出を控えるようになるからである。これが第二世代グループである。

なお、定年を迎えた人たちは年金受給者となるため、収入は減少する。収入が減少する分だけ、消費に充てる割合は増え、消費性向も上昇するが、その場合でも、消費の総支出が増えるわけではない。むしろ、「老後のために」と考えるため、消費総額は、医療費などを除けば、小さくなる傾向にある。年金受給者にはこうした別の特徴があるが、話を単純化し、年金受給者も第二世代グループに含めることにしよう。

大雑把ではあるが、読者は、消費性向という観点から見て、日本には異なる二つの世代グループがあること、そして、この二つのグループの間で所得の移転が起こっていることを理解してもらいたい。その移転とは、次のような形で進んでいる。

七、どのように所得の移転は進むのか

現在の日本では、大手企業の多くが「自己資本利益率」（ＲＯＥ）の改善を目標に掲げ、より多くの利益を出し、株主配当を増やそうとしている。各社の努力によるものか、あるいは政府の経済政策によるものか、よく分からないが、間違いなく、大手企業の業績はよくなっている。

「皆さんに考えてもらいたいのですが、好業績をもたらしている理由の一つとして、人件費の抑制があるんですね。それは、一人ひとりの給与を下げてきた、ということではありません。正規社員の数を減らし、これを給与の低い非正規社員に切り替えてきた、ということです」。

「ここに驚くような数字があります。一九八〇年代前半、日本企業が雇用する非正規社員の割合は一五％程度でした。それが、今では約四割に達しています。非正規社員の中には、いろいろな世代の人が含まれますが、とくに増加が著しいのは、若い世代の人たちです。先ほど言いました『消費性向の高い人』の多くが非正規社員となっているんです。若い世代の非正規社員

は、所得のほとんどを消費に回しますが、給与そのものが少額となっているため、社会全体の消費を膨らませるだけの力はありません」。

「これに対し、企業は、人件費を抑制できた分、利益を大きく膨らませています。人件費の抑制だけですべての利益を生み出したとは言いませんが、人件費抑制による利益への貢献は非常に大きいと言って間違いありません。問題は、こうして生まれた利益の多くを、企業が株主に還元しようとしている点にあります」。

「皆さんは、株主という言葉を聞いたことがあるかと思います。それは、会社の株式を持っている人のことです。株式を持っていると、株式数に応じて、経営者を選ぶ議決権が与えられ、配当金も受け取れます。最近の日本では、政府までが、企業に『もっと配当を増やすように』『自己資本利益率は八％以上にするように』と圧力をかけているんですね。政府がそこまでやる必要はないと思いますが…」。

「さて、配当金を受けとる株主側の話ですが、それは、個人投資家と機関投資家に分けられます。話は少し難しくなりますが、しっかり聞いてください。まず個人投資家ですが、彼らはすでに一定額以上の金融資産を持っており、生活にある程度余裕のある人たちです」。

「これに対し、機関投資家は、生命保険、損害保険、年金基金、信託銀行、その他金融機関などを指します。これらの機関投資家に資金を提供しているのは、結局、保険を購入できる人、年金積立金を支払える人、銀行に預金のある人、ということになります。その意味で、機関投資家は、比較的、生活に余裕のある人の集合体ということになります。ですから、企業による株主配当の増額は、回りまわって、生活に余裕のある第二世代グループに対し、つまり、『消費性向の低い人』たちに対し、より多くの支払いを行うことになるわけです」。

「現在、日本では、個人が保有する金融資産は、総額で一六四〇兆円と言われています。しかも、その六割を六五歳以上の高齢者が保有しています。このため、企業が株主配当を増やせば、その資金は、直接、配当金として、あるいは金融機関を通じて金利などの形で、金融資産を保有する投資家に、とくに高齢者に支払われることになるんです」。

「もちろん、資金を受けとった高齢者が、それに伴って消費を拡大すれば、経済に良い影響をもたらすかもしれませんが、多くの高齢者は『老後のために』と言って、これをほとんど使いません。つまり、消費性向が低いため、日本全体の消費需要を大きく膨らませることはないんです」。

「確かに、一六〇〇兆円以上ある金融資産は、やがて、高齢者が亡くなれば、次の世代に相続されます。ですから、次の世代の子供たちが、これを消費に回してくれるかもしれません」。

「これ、皆さん、どう思いますか。次の世代の子供たちは、確実にモノを買うのに、お金を使ってくれると思いますか」と、生徒たちに振ってみた。

かなり真剣に話を聞いていた一人の生徒が「子供たちであれば、消費性向が高いわけだから、きっと消費を増やすと思います」と答えてくれた。

「非常にいい指摘ですね。消費性向の高い世代に、資産が相続されれば、彼らは消費を増やすでしょうね。ただ、ここで考えてもらいたいのは、平均寿命です。現在の日本では、それは男女とも八〇歳を超えてるんですね」。

「ああ、そうか！」と、その生徒が私の説明を待たず声を発した。

「八〇歳を超えているとすれば、その子供たちは、六〇歳前後の高齢者予備軍ということになります。この年齢層の人たちは、相続で遺産を引き継いでも、おそらく消費を大きく増やさないでしょう。彼らも、また『老後のために』と言って節約してしまうからです」。

以上の議論をまとめておきたい。

有効需要の理論にしたがえば、やるべきことは、消費性向の低い人（一定以上の資産をもつ高齢者など）への所得移転ではなく、消費性向の高い人への移転、とりわけ、非正規社員などの社会的弱者への移転を促すこととなる。その際、当然、国民全体の労働意欲を削がない形で、これを進める必要があるが、狙いはあくまでも社会的弱者への所得の移転であり、それに伴う消費需要の拡大である。

これを推進するには、政府は、これまで以上に所得や相続に対し厳格に課税しなければならない。さらに、公共事業などを増やし、労働機会の提供、奨学金その他を用いての教育機会の提供、医療・生活保護の提供なども徹底しなければならない。こうした措置は、市場に任せておいて進むものではない。政府が計画的に行わなければならないものである。

これが「政府による所得と富の再配分」（政府による調整）である。ケインズを社会自由主義者と見なすのは、彼の理論がほぼ必然的にこの結論に至るためである。

第四章

ロールズが理想とする社会

仕事の結果 ＝ 政府による調整 × 熱意 × 能力
前提条件：① 国や政府は、所得や富の違いに応じて異なる税率を課すこと
② 国や政府は、労働機会や教育機会、生活保護などを提供すること
③ 国や政府は、立場の対等化を図るため、関係法令を整備すること

ケインズと並ぶ代表的な社会自由主義者をもう一人あげておきたい。それがアメリカの哲学者、ジョン・ロールズ（1921〜2002年）である。ケインズが「政府による調整の必要」を説いたように、ロールズも「政府による調整をよし」とした。もう一度、確認しておけば、彼も、上の方程式を支持したということである。

ただ、ロールズの場合、ケインズと違い、直面する問題の解決から理論を構築したわけではない。彼の特徴は「何が正義の原理となり得るのか」という問いをたて、これに可能な限り、中立的かつ論理的に答えようとしたところにある。

一、ロールズの基本的な問い

皆が納得できる「普遍的な正義の原理」とは、どのようにして

導出できるか。皆が納得するためには、誰もが、その原理を支持しなければならない。多数派だけが支持するのであれば、これは普遍的とは言えない。多数派が支持しても、必ずこれをよしとしない少数派が出てくるからである。であれば、普遍的な正義の原理などそもそも導き出せないのではないか、と言いたくなる。

このように考え、ロールズは「そもそも、なぜ誰かが反対の声をあげるのか」という社会事象に目を向けた。そして、その理由を、誰もが他者との関係で、自身が有利となるような原理やルールの採用を求めてしまうからだとした。

この理由は少し分かりにくいかもしれない。そう考え、生徒たちに次のような問いかけをしてみた。

「英語担当の先生が、英語の成績をつける時に、どのような評価の仕方がいいか、皆さんに、直接、尋ねるとしましょう。担当の先生は、本気で、皆さんの意見を尊重し、成績をつけようとしています。他の生徒の目もあるでしょうから、一人ひとり、先生と個別に面談し、意見を述べてもらいます。この時、皆さんは、どのような意見を述べますか」。

この問いに対し、私の方で勝手に回答してみせた。

「おそらく皆さんは、出席したかどうかで、評価してほしい、授業中の発言で、評価してほしい、皆、同じ成績になるよう差をつけないでほしい、筆記試験の結果で、評価してほしい、などとさまざまな意見を述べるはずです。皆が同じ意見になることは絶対にありません。どうして、皆さんの意見はまとまらないんでしょうか」。

「答えは簡単です。もちろん、皆さんは、まじめな生徒さんばかりですが、そんな皆さんでも、どのような評価方法が望ましいかと尋ねられれば、無意識のうちに、自分が有利となるような評価方法を提案してしまうんですね」。

「それぞれ、整理してみましょうか。おそらく、出席したかどうかで評価してほしいと提案する人は、身体が丈夫で、欠席など、これまで一度もしたことのない元気な生徒でしょう。授業中の発言で評価してほしいと提案する人は、クラスの中で発言することにほとんど抵抗を感じない生徒、そして英会話に自信のある生徒でしょう。皆、同じ成績になるよう、差をつけないでほしいと言う人は、おそらく、勉強に苦手意識のある弱気な生徒でしょう。そして最後に、筆記試験の結果で評価してほしいと提案する人は、自分の単語力や読解力に、また集中力に自信を持っている生徒でしょう」。

「つまり、他と比べたとき、自分の強みは何か、弱みは何か、これが分かる状況で、各自（生徒）にルールを決めてもらうと、各自は、自分の強みが高く評価されるルールの採用を求めてしまうんです。教室のような小さな世界でもそうなってしまうんだから、社会全体の正義の原理を皆で話しあい、特定の原理に絞ることなど、どだい無理な話なんです」。

二、逆転の発想で正義の原理を導き出す

他者よりも優れた点や劣る点が分かる状況で、所得や富の配分・調整に関するルールを決めてもらおうとすると、皆、勝手なことを主張し始める。ロールズは、人間のこの傾向性を逆転の発想で捉え直し、そこから普遍的な原理を導き出そうとした。つまり、自身の強みや弱みが一切分からない状況に、各自を置いてみれば、誰もが必然的に同様の原理に行き着くと考えた

のである。

他人との関係で、自分が有利か不利か、何も分からない状況を「無知のヴェールの背後に自らを置く場合」あるいは「無知のヴェールを被った場合」などという。この「無知のヴェール」を各自に被せると、それぞれは「他人との違い」に関し何も分からなくなる。厳密には「分からなくなる、と仮定する」ということである。

「少し難しいので、例をあげておきましょう。今、社会がピラミッド型であるとしましょう。無知のヴェールの下では、それぞれは、ピラミッドの頂点にいるのか、中ほどにいるのか、あるいは最底辺にいるのか、まったく分かりません。分からなくなるのは、これだけじゃありません」。

「自分は、男なのか、女なのか、高齢者なのか、若年者なのか、国籍はどこか、仏教徒なのか、キリスト教徒なのか、イスラム教徒なのか、勤勉な人間か、怠慢な人間か、才能、知力、財力はあるのか、これらも一切分からなくなります。つまり、他人との違いに関する情報は、すべて認識不能となってしまうんです」。

「ロールズは、そんな仮想的な状況に自らを置き、正義の原理を模索すれば、彼はもちろん、他の誰がやっても、皆、同じ原理にたどり着く、と考えたんです。そしてもし誰でも例外なく同じ原理にたどり着くのであれば、これこそ、普遍的な正義の原理になるとしたんですね」。

「ここは、重要な点ですので、もう少し解説しておきましょう。ある人が社会のピラミッドの頂点にいることをあらかじめ分かっているとします。すると、その人は、弱者に対する優遇措置に反対するでしょう。逆にピラミッドの底辺にいることが分かっていれば、その人は、弱者に対する優遇措置の充実を求めるはずです」。

「しかし、社会のどこにいるか分からなければ、上にいた場合、中ほどにいた場合、下にいた場合、いずれの場合であっても、自分が不利とならないよう、理想的な原理を探そうとします。誰もがこれを行うわけです。そして、この方法を使って、実際に原理を導き出すことができれば、それが普遍性を持った原理となるわけです」。

「ロールズの理論、どうですか。この理屈、おもしろいと思いませんか。よく考え抜いたと思いませんか。すごいですね」と、私なりに熱く語った。
「では、この方法を用いて、ロールズは、いったいどのような正義の原理を導き出したんでしょうか。ここから、話は、さらにおもしろくなりますよ」。

三、自由均等の原理とは

彼が導き出した第一原理は「自由均等の原理」と呼ばれるものであった。それは「基本的自由」をすべての人に「平等に保障すべし」とする原理である。ここにいう基本的自由とは、言論の自由、集会の自由、思想の自由、身体の自由（心理的圧迫、暴行、殺傷などを受けないこと）、営業の自由、所有権の保障など、一人ひとりが、社会生活を営むうえで、欠かすことのできない「基礎的な自由」を指す。

「皆さんは、基本的な自由を保障してもらいたい、と思いますか」。この質問には、無知のヴェールを被っていようがいまいが、皆、当然、「基本的自由を保障してもらいたい」と答える。

そこで、さらに「この基本的自由ですが、たとえば、男性には多くを与え、女性には少なく与える、というのはどうですか」と尋ねてみた。

女子生徒の前でこんな質問をすれば、当然、彼女たちは反発する。「それは受け入れられません」と、すぐに答えが返ってきた。

「では、逆に、女性に多くを与え、男性には少なく与える、というのはどうでしょうか」と問うてみた。

すると、何人かの生徒が「それならいいです」と答えた。

「皆さんの今の答えは、無知のヴェールを無視した回答となっているんですよ。もし自分が女性か男性か、一切、分からないとすれば、皆さんはどう答えますか」。

「ああ、そうか。無知のヴェールを被って考えるんだ」と、彼女たちも前提を思い起こした。

そして、無知のヴェールの下では、女性にも男性にも等しい基本的自由を与えなければならない、と言い改めた。つまり、生徒たちは「自由均等の原理」を導き出したのである。

これを受け、私は「皆さんの洞察力は半端じゃないね。ロールズが導き出した第一原理を、皆さんも難なく導き出したんだから」と、生徒たちを持ちあげた。

ただ基本的自由を平等に保障すれば、各自は能力や才能において異なっているわけだから、また努力する者もいれば、怠ける者もいるわけだから、各自の自由な行動は、結果の違いを生み出すことになる。つまり、自由均等の原理は、必然的に格差のある社会を作り出すことになる。この格差をよいものとしてそのまま認めれば、社会自由主義は自由至上主義と同じ哲学になる。

そこで「結果の差を認めない」という真逆の立場を仮定してみよう。すると、今度は「共産主義」と同じ過ちを犯すことになる。共産主義の過ちとは「努力しても努力しなくても、得られるものは同じ」と、皆が考える点にある。想像がつくように、結果平等の社会にあっては、誰もがまともに働かなくなる。そのため、社会は「豊かさ」を失ってしまうのである。

「こうした事態は避けなければなりません。社会全体が豊かにならなければ、社会の底辺にいる人には何の恩恵も及ばなくなるからです。したがって、無知のヴェールの下では、誰もが、少なくとも社会全体が豊かになる方がよいと考え、必然的に『ある程度の結果の差』を認めることになります」。

「ただ、注意したいのは、これは、ある程度の格差であって、無制限の格差ではありません。ですから、もし皆さんが、各自の能力や才能を自由に発揮してもらった方がよいと考えるのであれば、皆さんは、『自由均等の原理』に加え、もう一つ、各自が手にする成果物（所得など）をどう分け合うか、という別の原理も考えなければならなくなります」。

既述の通り、自由至上主義は、自由に能力や才能を用いて努力すれば、それに応じて「配分的正義」はおのずと実現する、としていた。しかし無知のヴェールの下では、この結論は排除される。社会というピラミッドの上位にいることを事前に認識していれば、人は、自由至上主義を支持するかもしれないが、社会における立ち位置が分からない場合、誰もが配分についてもっと慎重になるからである。

四、格差原理とは

普遍的な正義の原理を構想する者は、社会の最上位にいる自分を、社会の中ほどにいる自分を、あるいは最底辺にいる自分を、それぞれ想像するだろう。しかし、立ち位置が一切分からない状況に自らを置くと、人は、その中でも「最悪の状況」を想定し、たとえその状況にあったとしても損を被らないよう、物事を慎重に考えるようになる。つまり、最底辺にいる自分を想像し、たとえそこに自分がいたとしても、許容できるような原理を探し出そうとする。ロールズは、無知のヴェールの背後にある構想者は、誰でもそうした傾向を持つと解した。果たして、人は、そう考えるものなのであろうか。

高校生たちに、功利主義の落とし穴について説明した時、私は「学校側がランダムに一人の生徒を選び出し、その子を幽閉することに賛成しますか」と尋ねてみた。彼女たちは、誰も賛成の声をあげなかった。

功利主義の原理にしたがって、生徒たちが合理的に判断していたならば、幽閉に賛成するはずであった。しかし、彼女たちは、これに反対した。純粋に、人権という観点から反対したのかもしれないが、むしろ「ランダムに一人の生徒を選び出す」という言葉に敏感に反応したのかもしれない。

つまり、自身が選び出される確率が高いのか低いのか、一切、分からない状況に置かれたことで、生徒たちは「自分が選ばれるかもしれない」と最悪の状況を連想し、幽閉に反対したのかもしれない。そういえば、彼女たちは、私がこの質問をした時、瞬間的に「えー、なんで学校がそんなことするの」「嫌だぁ」「わけ分かんない」と声をあげていた。それは、彼女たちが、自分の身に起こるかもしれない不運と感じたからかもしれない。

いかなる発想で生徒たちが反対したか、本人たちに聞かない限り、確かなことは分からない。たとえ彼女たちに尋ねたとしても、正直に答えてくれる保証はない。一点だけ言えることは、無知のヴェールの前提が働いたことで、つまり、確率が分からない状況に置かれたことで、彼女たちが、無意識的に最悪の状況を連想し、物事を考えたと解釈しても、それほど大きな無理はない、ということである。

ロールズのこの理解が正しいと仮定した場合、普遍的な正義の原理を構想する者は、各自の配分に関し、どのような原理を導き出すのか。ロールズによれば、導出される原理は「格差原理」と呼ばれるものになるという。

「皆で、この『格差原理』が導出されるまでの流れを追ってみようか。まず、自らの能力や才能を使って行動すれば、各自はそれに応じて所得や富を手にすることになる。さっきも説明しましたが、これをそのまま各自のものにしてよいとすれば、自由至上主義と同じ結論になります」。

「おそらく、無知のヴェールの背後にいる構想者は、自分の能力や才能が分からないため、あるいは社会における位置が分からないため、努力の結果を各自がすべて無条件で受領することに反対するでしょう。同時に、結果の平等にも反対するでしょう。結果の平等は、努力した者を逆に差別してしまうからですね」。

「そこで考えなければならないのは、いったいどのような条件を満たせば、各自は、努力や能力の結果を自身のものとして受け取れるのか、ということになります。無知のヴェールを被った構想者は、学校側による幽閉に反対した皆さんのように、最悪の状況を回避しようとして、ある条件を導き出します」。

生徒の関心を引き付けるため、再度、「皆さん、どんな条件だと思いますか」と、質問してみた。

「分かんない」「難しい」「そんな条件あるのかなあ」などの声があがった。皆が答えに苦しんでいるのを見たうえで、私はドヤ顔で解説を始めた。

「それは、こういうことです。自身の努力や能力が社会の最底辺にいる人々の状況を改善する時には、努力や能力の結果は、それを発揮した人に帰属するということです。逆に言えば、ある行為をもって最底辺にいる人の状況が改善されなければ、各自は自由な行動により、たとえ自身の所得や富を増やすことができたとしても、これを慎まなければならない、という原理です」。

五、ある村における「配分的正義」は

この説明では分かりにくいと思ったため、生徒たちに次の話をした。

「皆さんが、ある村で生活しているとしましょう。その村の生計は、狩猟だけに頼っています。農業などは一切やっていません。また、この村は、普通の村と違って、村人間の近所付き合いなど一切ありません。地理的に近いところにいるというだけで、皆、バラバラに生活しています。さて、この村には、狩猟にたけた者が数名いますが、狩猟を得意としない者も数名います。あなたが狩猟にたけた人間であるかどうかは分かりません。このような状況を想定したうえで、皆さんに聞きます」。

「狩猟にたけた者が、今回、たくさんの獲物を手に入れました。逆に、苦手とする者は、今回の狩りでも獲物をとることができませんでした。そのため、苦手とする者たちは、ここ数日、何も口にしていません。この時、狩猟にたけた者は、今回、獲った獲物をすべて自分のものにしてよいでしょうか」。

この問いに、生徒たちは「苦手とする人に獲物を分けてあげるべき」と答えた。

そこで「どうして、そう思うんですか。皆、近所付き合いなどしていないんですよ」と問い返した。

おもしろいことに「たくさん獲物を持っていても、食べきれないから」という答えが出てきた。

「では、獲物ではなく、お金だったらどうですか。獲物は腐りますが、お金は腐りません。お金であれば、いつでも、何かと交換できます。貯めておくこともできます。その場合でも、皆さんは、これを、狩りを苦手とする人、つまり、生活の糧を得ることができない人に分けてあげるべき、と考えますか」。

少し答えに困ったようだったので、再度、「皆さんは、自分が狩りを得意とする者なのか、それとも不得意とする者なのか、一切分からないんですよ。そうした状況にあると仮定した場合、皆さんはどうすべき、と考えますか」と、念を押した。

すると「だったら、やっぱり、苦手とする人に、獲物やお金を分けてあげるべきと考えます」との答えが出てきた。

そこでさらに「では、狩りを得意とする人は、自分が獲ったものすべてを譲る必要があるんですか」と尋ねた。

これには、生徒たちも「苦しい状況にある人たちに、少し分けてあげれば、あとは自分でもらっていいんじゃないでしょうか」と答えた。

「皆さんはすごいですね。今、皆さんが言ったことこそ、ロールズがたどり着いた『格差原理』という配分の仕方なんですよ。自分が能力を発揮し、獲物（富）を得ても構わないが、その獲物（富）を自分のものとするには、一つの条件を満たす必要がある。それは、同じ村で生活する人たちの中で一番苦しい生活を強いられている人を助けること（社会の最底辺にいる人の状況を改善すること）という条件です。皆さんは、いろいろ考えながらも、最後に、そこに至ったわけですから、本当にすごいですね」と感じたところを、彼女たちに伝えた。

六、機会均等の原理とは

無知のヴェールの下では、さらにもう一つの原理が導き出される。それは、社会における人々の移動をより容易にする原理、と言ってよかろう。ロールズは、これを「機会均等の原理」と呼んでいる。これについても、生徒たちとやりとりした。

「皆さんは、社会の中の地位や職務に割り当てられる権限や責任に差があってもよいと思いますか」。

この質問に、一人の生徒が「差があるのは、何かよくないような感じがします。ある職業に就く人だけが、大きな権限を持つのも、どこかおかしいような気がします」と、印象を語ってくれた。

これに対し、別の生徒が手をあげ、「私は、権限や責任は、仕事との関係で決まってくるから、差が出てくるのは当たり前だと思うし、仕方ないと思います」と発言した。

この指摘につられ、他の生徒もしゃべり出した。

「実際、地位によって権限は違うと思います」。
「ある地位は、別の地位より、多くの権限を持っているし」。
「いずれの仕事も、皆、同じ権限、同じ責任なんて、あり得ない」。

「皆、いい指摘をしてくれるね。いずれも核心をつくすばらしい意見です。もう私が追加することは、何もないです」と言いながら、しつこく追加の言葉を並べた。

「無知のヴェールの背後にいる構想者は、社会全体が豊かになり、その好影響が最底辺にまで及ぶ場合には、自由な行動を認める、ということでしたよね。皆さんが指摘したように、権限や責任に差があるのは、円滑な分業や効率的な運営を可能にする知恵、つまり、社会を豊かにする知恵ですから、構想者は、権限や責任に差があることに対し、とくに反対しないはずです」。

「ただ、『差があるのは、何かよくない』『ある職業に就く人だけが、大きな権限を持つのもおかしい』という人もいましたね」と言及し、そう発言した生徒の顔を見た。

「あなたは、なぜそんな印象を持ったんですか。何か理由があると思うんだけど。説明できませんか…」と尋ねたが、難しそうであった。

そこで「確かに難しいですね。クラスの誰か、何か理由をあげてみてくれませんか。間違えても構いません」と、皆に質問を振った。しかし、クラスは沈黙したままであった。分かりにくい質問だったのかもしれないと思い直し、次のように説明した。

「彼女が『何かよくない気がする』と感じたのは、地位や職務に伴う権限や責任が偏っている状況ではなく、むしろ、そうした地位や職務に就ける者が偏っている状況を連想したからじゃないでしょうか。いわゆる特権階級だけが、ある地位や職務を独占する状況を連想し、『望ましくない』と言ったんじゃないでしょうか」。

発言してくれた本人に向かって、「でしょ」と確認してみた。すると、彼女も、躊躇しながら「そうです」と言って、首を縦に振った。

「だとすれば、一番大切なのは、地位や職務に就く機会を皆に等しく与えることであり、またその地位や職務が求める知識や技能を学ぶ機会を皆に等しく与えること、となるんじゃないですか」。

つまり、無知のヴェールの下では、構想者は、第一に、ある地位に異なる権限や責任が振り分けられていてもよいとするが、第二に、その地位や職務にアクセスする機会は全員に等しく与えられなければならないとするはずである。ここに言う「アクセスする機会」とは、就職試験を受ける機会であり、また、必要な教育を受ける機会などを指す。

そもそも、人は、上下の移動、そして横の移動に、あまり障害のない社会の方が、障害の多い社会よりも望ましいと考える。社会における自分の立ち位置が分からなければ、誰もが、性別、国籍、階級、民族、宗教などの外的要因によって地位や職務が決まるような社会を望ましくない、と考えるからである。ロールズが「機会均等の原理」を正義の原理として導き出したのは、ここに理由がある。

七、才能や資質と「偶然」

社会自由主義の考え方を示す方程式を、前章と本章の導入部に掲げておいた。特徴は「政府による調整」という変数が入っている点にあった。では、なぜ、この変数が入ってくるのか。突き詰めると、その理由は、社会自由主義が、各自の持っている才能や資質も、結局「偶然の産物である」と捉えているところにある。

この傾向は、ロールズの主張にはっきりと表れている。そもそも、才能や資質を偶然の産物として捉えるからこそ、彼は、才能・資質の結果として生まれる所得や富を格差原理に基づいて共有することを求めるのである。当然、市場は、格差原理に従った共有など、促すことはできない。それは政府にしかできない調整である。

これに関し、生徒たちに「皆さんは、テニスやゴルフ、バスケットや野球などで活躍する有名なスポーツ選手は才能や資質に恵まれていて、ラッキーだと思いますか。そうした才能を親からもらったわけだから、彼らは偶然に助けられた、と思いますか」と聞いてみた。

「才能や資質などは遺伝的なもので、ラッキーと言えるかもしれませんが、スポーツ選手は、やっぱり、人一倍、努力していると思います」「ラッキーとか偶然とかだけでは片付けられない、と思います」と答えてくれた。

そこで、次の話をしてみた。

「では、今、羽子板がめちゃくちゃに上手な人がいるとしましょう。その技は世界一です。この人は、大変な能力を持っているんですが、世界は、とくに羽子板に興味を示してくれません。だから、羽子板が上手でも、その人は、大してお金を稼ぐことができません」。

「これに対し、テニスはどうでしょうか。今、世界中で、多くの人がテニスに興味を持っています。たくさんのトーナメントもあります。このため、有能なテニス・プレーヤーは、自身の才能を活かすことで、莫大な富を築くことができます」。

羽子板とテニスの比較は、女子高生に受けたようで、皆、クスクスと笑った。しめたと思い、話を続けた。

「長い歴史の中で見れば、ある能力が異才として注目され、富を生み出すかは、結局、偶然にすぎない、ということです。社会の中で誰にどのような才能や素質が現れるか、これも偶然ですが、さらには、その人がどの時代のどの社会に生まれてくるか、これも偶然なんです。皆さん、もし錦織選手が、戦国時代の農家に生まれていたら、どうなったと思いますか。テニスボールを打つ彼の才能は、その時代の、その社会では、ほとんど評価されなかったはずです」。

「社会自由主義者は、こんな風に考えるから、偶然にすぎない各自の才能や素質を、社会の共有資産と捉えるんですね。また共有資産であるからこそ、これを社会の底辺にいる人のために役立てるべき、と考えるわけです。自らを無知のヴェールの背後に置くと、誰もがこの発想に行き着く。これがロールズの言いたかった核心部分なんです」。

八、社会自由主義に対する違和感

一見、説得力のある説明であるが、才能や素質を偶然と捉える立場には、当然、落とし穴がある。高校生たちは「スポーツ選手は、やっぱり、人一倍、努力していると思います。だからラッキーとか偶然とかだけでは片付けられない」と率直に感じるところを語ってくれた。

これは、きわめて健全な意見というべきであろう。各自の日々の努力があって、才能や素質が磨かれるなど、後天的な側面にも目を向ける必要があるからだ。そもそも「評価されるかどうかは、結局、偶然だ」などと断定される社会になってしまえば、努力する人などほとんどいなくなってしまうだろう。

政治哲学者であるマイケル・サンデル氏（1953年〜）は、自身の著作で卒業式での表彰セレモニーの例をあげ、社会自由主義の欠陥を指摘している。私も、これに倣い、「卒業式で読みあげられる最優秀賞の文例」を二つ用意し、生徒たちの前で読みあげてみた。最初は一般的な文例である。

「鈴木一子さんは、本学の建学の理念に則り、日々、学業に励み、また和を重んじ、他の生徒のよき手本として活躍された。その地道な努力と貢献を讃え、ここに最優秀賞を授与する」。

次に、社会自由主義の立場にたった表彰状を読みあげた。

「鈴木一子さんは、本学の建学の理念にたまたま合致し、試験においても、偶然、ヤマがあたり、良い成績を収めることとなった。クラスの秩序もとくに乱れることはなく、雰囲気的に鈴木さんが他の生徒のよき手本となったのはラッキーであった。その偶然と運の良さを讃え、ここに最優秀賞を授与する」。

生徒たちは爆笑した。しかし、社会自由主義にしたがえば、こうなってしまうのである。社会自由主義は偶然を重視する。こうした姿勢を持っているため、それはさらに次の二つの落とし穴も抱え込むことになる。

九、社会自由主義が抱える落し穴とは

「皆さんに聞きたいのですが、社会自由主義には、この他、どんな欠陥があると思いますか」。

この問いには、すぐに答えが返ってきた。

「もしそれが皆に受け入れられると、不幸な人は、自分が不幸なのは、運が悪いから、他人が悪いから、などと言うようになるんじゃないでしょうか」と、ある生徒が一言。

「他人が不幸の原因、運の悪さが原因ということも実際にはあるかもしれませんが、こんな考え方だけで、幸せな人生を送れるか、疑問に思います」と、別の生徒がすばらしい指摘をした。

「他人ばかり批判する人が増えれば、社会は不安定になると思います」「過激な思想を持つ人なんかも、現れてくるかも…」などと、意見はどんどん膨らんでいった。

正直、高校生たちから、こんな意見が出てくるとは期待していなかった。若い世代も、捨てたもんじゃないと強く思った。

生徒たちが言うように、社会自由主義の発想は、行きすぎれば、日常生活に不満を持つ人々が暴走することを許してしまう。「社会が悪いから、自分たちは不幸なんだ」「不運の原因は、今の政府にある」「幸せを勝ちとるには、すでにある不当な仕組みを壊すしかない」「誤った制度を壊すのは、自分たちの権利であり、義務だ」などと、多くが主張し始めるようになるかもしれないのである。

仮に良識を持った人まで、社会が悪い、他人が悪いとの発言に終始するようになれば、それは間違いなく社会の混乱を引き起こすことになろう。残念ながら、これが社会自由主義の抱える大きな落とし穴である。

社会自由主義には、もう一つ、軽視できない欠陥がある。生徒たちに振ってみたが、なかなか的を射た意見は出てこなかった。おそらく、留学経験はあっても、途上国で生活したことがないため、気づかなかったのかもしれない。そこで、ウクライナで実際に起こった話をしてみた。

「二〇一四年二月、ウクライナ最高会議は、親ロシア派のヤヌコビッチ大統領を解任しました。国庫より、三七〇億ドルもの資金が消失したこと、そして、大統領および高級官僚がこの不正に加担していたことなどが解任の理由でした」。

「皆さんは、英語を勉強しているので分かると思いますが、官僚や公務員は英語で、public servant と表現されます。これは、公務員を国民に奉仕する者として捉えているからです。この定義にもかかわらず、政府関係者が、いろいろな権限を有するようになると、倫理意識が低い場合、彼らは、自らを servant（しもべ）ではなく、master（主人）に変えてしまうんです。たとえば、許認可権限を持つと、その立場を濫用し、国民からお金を脅しとるようになるんです」。

「ウクライナといえば、皆さんも知っての通り、東部地区が内戦状態にあります。政府軍と親ロシア派の戦闘が頻発し、出口の見えない状況にあります。そもそも、どうして親ロシア派は勢いづいたんでしょうか。いろいろな情報が飛びかっていますが、ある筋によると、ヤヌコビッチ政権倒壊直後、複数の国境警備員が賄賂と引き換えに、ロシア側から入ってくるトラックを越境させたと言います。これが事実だとすれば、政府関係者の腐敗がウクライナ国民に深刻なつけを回したということになります。大統領が腐れば、末端まで腐るということでしょうか」。

「ウクライナの話をしたのは、政府が大きくなり、さまざまな権限を手にすると、今度は、各省庁、政治家、官僚がその権限を悪用し、自身の利益を追求するようになる、ということを分かってもらいたかったからです。現在の日本では、官僚の腐敗行為はほとんどありませんが、世界では、政府の腐敗、官僚や政治家の腐敗こそ、解決しなければならない最重要課題となっているんです。これが社会自由主義が抱えるもう一つの大きな欠陥なんです」。

当然、権限を持った政府、政治家、官僚であっても、「国民の利益」を第一に考え行動するのであれば、問題は起こらない。しかし、残念なことに、権限は大きくなればなるほど、権限者を腐らせていく。途上国のように、政治の透明性が確保されない社会では、権力者はやりたい放題をやってしまう。より大きな政府を求める社会自由主義は、常に、この腐敗問題に悩まされるのである。

もっとも、社会自由主義が現代社会にもたらした良き影響について、私たちは過小評価してはならない。日本を含め、多くの国が累進課税制を導入し、高額所得者からより多くの税金を徴収している。この徴税方式は、すでに多くの国で受け入れられており、配分的正義を実現するうえで欠かせない仕組みとなっている。

また社会自由主義は、政府がセーフガードとして社会的弱者に失業保険や生活保護などを提供することを求めている。かつては、宗教団体や慈善団体が食料支援や生活支援などの役割を担っていたが、今では政府も、これを当然の行政サービスとして担うようになっている。

弱者の境遇を「自らが招いたもの」と冷たくあしらい、政府が救済の手を差し伸べなかった時代もある。その結果、社会は、経済の破綻、人権の侵害、戦争の勃発、テロの頻発など、多くの惨劇を経験してきた。こうした過ちを繰り返さないためにも、社会自由主義はなくてはならない人類の知恵となっているのである。

第五章

現代社会が抱える問題とは

自由至上主義と社会自由主義は、水と油の関係にあり、互いを認めあうことはない。両者のもっとも大きな対立点は、自由至上主義が「熱意と能力をもって自由に努力すれば、それは報われる」とするのに対し、社会自由主義が「不運や制度の欠陥により、努力はそのままでは報われない」とするところにある。一方は「自主独立」「自己責任」を強調するが、他方は「政府による調整」を重視する。明確に対立する二つの哲学であるが、驚くことに、その理論的前提は極めてよく似ているのである。

一、二つの社会哲学に共通するもの

「二つの哲学はまったく違うと説明しましたが、ここで、両哲学の共通点をあげてみませんか」と、生徒たちに聞いてみた。

最初のうちは、何も意見は出なかった。違いに焦点をあて、説明してきたわけだから、皆が共通点を意識していなかったのは、当然と言えば、当然であった。

そこで「犬と猫は違いますね。でも、より広い視点から見れば、犬も猫も、家庭で飼われるペットです。どちらも四本の足を持っています。どちらも哺乳類です。つまり、視点を広げれば、さまざまな共通点が見えてきます。二つの社会哲学について、私が聞きたいのは、そういった共通点のことです」と言ってみた。

そして、前から順番に指差していくと、生徒たちは次々と意見を出してきた。


「どちらも影響力が大きい」。

「どちらも限界や落とし穴を持っている」。

「どちらも、それだけで聞くと、説得力はあるんだけど、何か足りない感じがする」。

「所得や富をどうするかを扱っている」。

「所得や富の配分が重要なテーマになっている」。

「どちらも西洋の思想」。

「どちらも個人主義的な感じがする」。

「『考え方』については、どちらも触れない」。

「哲学と言いながら、『よい考え方』について触れないのは変な感じがする」。

「どちらも、長い目で見た結果という発想がない」。

「権利という概念が中心にあるように思える」。

こんな答えが返ってきた。それを聞きながら、私なりに共通点を三つに整理してみた。その三つは、自由至上主義と社会自由主義の基底にある共通の「理論的前提」と言ってもよいものである。

二、三つの理論的前提とは

「皆さん、いろいろな指摘をしてくれましたね。いずれも、重要な点ばかりです。皆さんの指摘を踏まえれば、自由至上主義と社会自由主義は、おそらく、次の三つの理論的前提に立っているると言うことができるでしょうね」。

「第一は、いずれも、社会を構成する単位を、バラバラの独立した個人としていることです。『何か足りない』『個人主義的な感じがする』という印象は、おそらく、この前提で議論していたからではないでしょうか。また所得や富の配分に関する議論が中心となるのは、これも、バラバラな個人を前提とした社会を想定しているため、各自の取り分がどうしても重要なテーマになるんですね」。

「第二は、皆さんが言うように、いずれも、ある特定の『考え方』をよいものとして推奨するのを避けていることです。『よき考え方』の提唱は、すぐに『自由』を脅かす、と感じるんでしょう。このため、『どのような生き方が望ましいか』『どのような考え方が正しいか』について、二つの哲学は一切触れません。これは、それぞれの方程式で示した通りです」。

「最後は、二つの社会哲学が、いずれも、各自の努力を数年間など比較的短い期間の中で清算・調整されるもの、と捉えていることです。また仮に短い期間で、各自の努力が清算・調整されなければ、その障害を取り除くための権利行使が推奨されることです。皆さんが『長い目で見た結果という発想がない』『権利概念が中心にある』と感じたのは、ここに理由があると思います」。

以上のように整理したうえで、私は、稲盛哲学の特徴をまとめた。

「皆さん、自由至上主義と社会自由主義が、以上のような三つの理論的前提を共有している、ということを、しっかり覚えておいてください。また、ここから先は、自由至上主義と社会自由主義の二つをまとめて『伝統的社会哲学』と呼ぶことにします。さて、稲盛哲学の特徴ですが、思い切って単純化し表現すれば、それは、ここにあげた伝統的社会哲学の三つの理論的前提を共有しないということです。つまり、稲盛哲学は、違う前提のうえに成り立っているということです」。

三、アリストテレス哲学と共同体主義の台頭

もっとも、稲盛哲学のこの特徴は「氏の思想にしか見られないもの」ということではない。三つの理論的前提を共有しない哲学で人類史上もっとも古い思想といえば、それはアリストテレスの哲学である。

「私は、社会哲学のテーマが、自由、正義、豊かさにあると説明し、これを扱う思想は古代ギ

リシャにまでさかのぼる、と言いました。皆さん、覚えていますか。皆さんも名前は聞いたことがあるはずですが、この時代を代表する哲学者こそ、アリストテレス（紀元前384～322年）なんです」。

「三つの理論的前提との関係で整理すれば、アリストテレスは、仕事などを通じて『他と交わる市民』（関係の中にある人）を念頭におき、『正しいこと』（よき考え方）を行う必要を説きました。正しい考え方と行為が、その人を正しい人に育て、卓越した人格を涵養するとしました。[5] しかも、彼のいう卓越性の涵養は一時的・短期的なものではありませんでした。人生には紆余曲折がある。不運に遭遇することもある。しかし、卓越性を獲得する人は、これも与えられたものとして受けとめ、人生を切り開いていく、[6] と説いたんです。つまり、『長いタイム・スパン』で幸福の問題を捉えたんですね」。

私は、アリストテレス哲学をこのようにまとめ、生徒たちに念を押した。

「どうですか。同じ西洋思想でありながら、アリストテレス哲学は、伝統的社会哲学とまったく違うでしょ。人間関係の中にある市民を想定し、正しいことの実践を、しかも生涯を通じての実践を求めたんです。これらは、すべて伝統的社会哲学の理論的前提と違いますよね。この意味で、アリストテレス哲学に期待を寄せたいところですが、残念なことに、その哲学はあまりにも古く、現代の問題に切り込むだけの具体性と実践性を持っていません。仕方ありませんね。紀元前に説かれた哲学ですから…」。

「では、アリストテレス哲学の伝統を、現代に継承する哲学はないんでしょうか」と聞いてみた。高校生には答えられないことは分かっていたが、彼女たちの関心を引き寄せるため、あえてこんな質問をした。そして、自分で答えた。

「実はあるんです。それは『共同体主義』と呼ばれる社会哲学です。一九八〇年代のアメリカを舞台に勢いを得てきた新たな流れで、『バラバラの独立した個人』という個人主義の伝統に疑問を投げかける思想です。ですから、私たちは、この共同体主義に期待を寄せることができるんです」。

そう言いながら、私は、すかさず「共同体主義」の限界についても触れた。

「しかし、正直言いまして、この哲学は、社会はどうあるべきか、一人ひとりは何をすべきかについて、明確な方向を示すまでに至っていないんです。共同体主義者の多くが『考え方』の重要性は強調しますが、中身については曖昧で、しかも論者ごとに、また同じ論者でも時期が違えば、言っている内容が異なっているんです。だから、現代の共同体主義に多くを期待することはできないんです」。

こんな解説をしたうえで、「では、稲盛哲学はどうでしょうか。私は、稲盛さんの哲学なら、具体性、実践性、そして一貫性の三条件をすべて備えている、と思っています」と説明した。

ここまで言えば、生徒たちも稲盛哲学の詳細を早く知りたいと考えるだろうが、焦らず、まずは現代社会の問題について話をした。伝統的社会哲学とは違うまったく新たな社会哲学が望まれる理由が、この話を通して、よりはっきりすると思ったからである。

四、現代社会はどのような問題を抱えているか

「皆さん、私は、伝統的社会哲学が生活の隅々にまで影響を及ぼしていると説明しました。また共通の理論的前提を持っているにもかかわらず、自由至上主義と社会自由主義が相容れない社会哲学であるとも説明しました。ですから、私たちは、相矛盾する哲学の下で生活していることになるわけですね。もっとも、相矛盾していても、その社会がすべてうまくいっているとすれば、問題は何もありません。しかし、皆さん、どうでしょう。現代社会はうまくいっていると思いますか」と言いながら、生徒たちに考えてもらった。

「こんな質問では、漠然としすぎて、皆さん、答えにくいですよね。では、アメリカ社会の問題で考えてみましょう。テレビやネットの情報で構いません。アメリカにどんな問題があるか、何か耳にしたことはありませんか」と、発言を促した。

「そうそう、どうしてアメリカなのかと言うと、それは、伝統的社会哲学に関し、アメリカが実に分かりやすい社会だからです。アメリカには、共和党と民主党という二つの強力な政党が

あって、世論を二分しています。社会哲学と完全に一致するわけじゃありませんが、おおよそ、共和党が自由至上主義の立場を、民主党が社会自由主義の立場をそれぞれ支持していると言ってもよいでしょう。ですから、アメリカ社会に何か問題があるとすれば、それは、元をたどれば、二つの社会哲学の問題に行き着くんです」。

「アメリカに留学したことのない人も、どこかで、アメリカ社会の問題について聞いたことはあるはずです。どうですか。誰か意見を言ってくれませんか」と、再度、発言を促した。

すると、一人の生徒が「所得の格差が大きい、と聞いたことがあります」と発言した。

「ありがとう。そうですね。そういうことをよく聞きますね。メモを持っていますので、紹介しておきましょう。これは、ピュー・リサーチ・センターという調査機関が調べた数字ですが、アメリカ国民の六五％は、富裕層と貧困層の格差が広がっていると感じているそうです。そして、五七％が『格差の拡大は望ましくない』と言っています」。

「格差の拡大は問題でしょうが、それ以上に深い問題として、格差が広がる理由について、共和党支持者と民主党支持者の間で意見が対立していることもあげられます。自由至上主義者は、貧しいのは努力が足りないためと主張し、逆に社会自由主義者は、個人の力を超えた要因が働くためと主張しています。このため、両者は、具体的な解決策について、なかなか意見の一致を見ないんですね」。

「アメリカ社会の格差はまだ許容範囲にあるのかもしれませんが、今後も意見の一致を見ず、時間ばかりが経過し、有効な解決策がとられなければ、格差はやがて許容レベルを超え、社会を分断する深刻な対立にまで発展するかもしれません」。

私は、格差の問題をこのようにまとめたうえで、さらに「他に何か、アメリカ社会の問題についてて聞いたことはありませんか」と、続けた。

するとと、ある生徒が「テレビのニュースで、アメリカでは、治安が悪化している、と聞いたことがあります」と発言した。

「ありがとう。治安の悪化も大きな社会問題ですね。とくに格差が広がっていることで、富裕層は、荒廃した地域から逃げ出しているとも聞きます。富裕層が地域を出ていけば、その自治体の税収は減り、警察などの公共サービスも低下していくことになります」。

「そもそも、治安が悪化するのは互いが声をかけ合わない関係にあるから、とも指摘されます。事実、アメリカでは、ダウンタウンのみならず、郊外でも、隣人に対する関心が薄れ、近くに誰が住んでいるか、互いによく分からない、と言われています。治安といえば、アメリカを敵視する人が隣に住んでいても気づかないわけです。このため、政府は、通りや街の至るところに監視カメラを設置し、電話の傍受までやっているんですね。二〇〇一年九月一一日の同時多発テロ以降、アメリカは『自由の国』と言われながらも、実質的に、監視社会に変わってしまったのかもしれません」。

「さて、二つの社会問題をあげてくれましたが、他にありますか」と続けた。

すると、教室の後ろの方に座っていた生徒が「ＮＨＫか何かの特集だったと思いますが、アメリカは濫訴社会になっていると聞きました」と発言した。

「そうですね。これも、アメリカ社会の深刻な問題ですね。そもそも、周囲にどのような人が生活しているのか、分からないわけですから、各自は、さい疑心をもって警戒し合いながら、他人と接することになります。またその他人との間にいざこざが起これば、すぐに法的手段に訴えることになります。自らの権利を守るため、ほとんど躊躇することなく、司法の場で争うわけです」。

「アメリカでも、以前は、些細な利害対立は、コミュニティの中で平和裏に解決されていたはずです。ただ、現在では、多くのコミュニティがそうした力を失ってしまいました。だから、人々は、司法の場をより頻繁に利用するようになったんですね。さらには、弁護士などの専門家集団が濫訴化に拍車をかけているとも言います。成功報酬などを目的に、彼らができるだけ多くの被害者を募り、莫大な賠償金を勝ちとろうとするためです」。

司法の話が出てきたところで、私は二つの点にも触れた。

「権利という言葉が出てきましたので、二つのことを確認しておきます。一つは、権利と権利がぶつかり合うところでは、互いが納得できる答えはなかなか出てこない、ということです。

言論の自由とヘイトスピーチ（憎悪表現）の禁止という対立がその典型でしょう。相手の気持ちなど考えず、ある特定宗教を好き勝手に批判すれば、これを信仰する人々の心を深く傷つけることになります。とくに社会的弱者が生活苦の中で、唯一拠りどころとしている信仰を、多数派が『言論の自由』の名の下にさげすみ、中傷すれば、弱者はこれをヘイトスピーチと感じ、怒りを覚えるはずです」。

「もう一つは、裁判では、必ずしも正しい人が勝つとは限らないことです。私は『正義が必ず勝つ』と言いたいんですが、現実の社会がそうなっているとは、必ずしも言い切れません。多くの場合、より有能な弁護士を雇える者の方が裁判に勝つからです。所得の格差が裁判の行方まで決める、と言ってもよいかもしれません。今、有能な弁護士を雇うことのできる富裕層が、社会的弱者との裁判に勝つとしましょう。しかも、非常に不合理な判決が弱者側に言い渡されるとしましょう。皆さんは、弱者がこれを難なく受け入れると思いますか」と、尋ねてみた。

教室の後方にいた女子生徒が、この質問に「弱者がそれを受け入れるかどうかは、結局、判決の内容によるんじゃないでしょうか」と答えてくれた。

「もっともですね。その通りです。ただ、ここで私が強調したいのは、社会的弱者であっても、普通の人と同様、怒りや憎しみを覚える、ということです。もし彼らが、司法制度は富裕層に有利に働くようになっている、この社会には正義などない、と感じるようになれば、どうでしょうか」。

「これを正すための資金も、権限もなければ、最後は、暴力によって既存秩序を打ち壊すしかないと考え始めるかもしれません。それが許されないことだと分かっていても、暴力に走ってしまう恐れがあるんです。それは、社会にとってだけでなく、暴力に訴える個人にとっても、大変不幸なことです。濫訴社会は、回りまわって、治安の悪化にもつながり得るんですね」と結んだ。

五、日本社会はどうなっているか

ここに触れた三つの社会問題は、アメリカ社会に限らず、伝統的社会哲学の影響を受ける社会では、例外なくどこでも観察される事象となっている。ヨーロッパでは所得の格差が深刻化しており、国家財政の破綻も現実味を帯びている。「言論の自由」を巡る欧米社会とイスラム社会の対立は、まさに権利と権利のぶつかり合いである。さらに、先進国では、物質的な豊かさの裏で孤立化が進み、精神疾患に苦しむ人の数も増え続けている。また、軍事力だけに頼る治安活動も限界に来ている。テロの脅威は世界のどこにでもあるからだ。

伝統的社会哲学の影響を受けてきたという意味では、日本社会も例外ではない。かつて、日本人の多くは中流意識を持っていた。しかし、バブル経済の崩壊とともに、状況は一変した。治安の悪化も否定できない現実となっている。濫訴社会になったとまでは言わないが、日本でも司法機能の強化は続いている。

おもしろいことに、こうした状況が現れつつあっても、日本では、伝統的社会哲学に代わる思想を、あるいは伝統的社会哲学の欠点を補う思想を求める動きは本格化していない。それは、問題がまだ深刻化していないからかもしれないが、それ以上に共同体を大切にする発想が日本文化の中に根ざしているからかもしれない。

学問的に言えば、日本では戦前より、共同体の意義を強調する研究は多数あった。アメリカでは、一九八〇年代より、共同体主義が勢いを得てきたと述べたが、その数十年も前から、日本では議論されていた。ただ、戦後の日本では、共同体の意義に着目した研究は、義務や責任の重要性を訴える古い思想として敬遠されるようになっていった。望ましいのは自由至上主義であり、社会自由主義であると言われるようになっていったのである。

しかし、それはあくまでも学問という知的世界に限られた話である。表の議論から姿を消しても、共同体的発想は日本人の無意識に残り続けたと言うべきであろう。その意味で、稲盛哲学は、無意識のどこかにある日本的な生き方を、また日本的な社会のあり方を、今一度、私たちの意識に引き戻そうとするものなのかもしれない。

5 アリストテレス『ニコマコス倫理学（上）』（高田三郎訳）岩波書店、一九七一年、六六頁。
6 アリストテレス『ニコマコス倫理学（上）』四五頁。

第六章

稲盛哲学における「自由」とは

稲盛哲学が、伝統的社会哲学の三つの理論的前提を共有しないと説明した。それゆえ、ここからは、稲盛哲学が伝統的社会哲学とどのように違うのか、またその違いからどのような主張が出てくるのかを見ていきたい。

第一は「バラバラの独立した個人」という理論的前提に関わる議論である。伝統的社会哲学においては、人と人の関係に注目する思想は、誰の理論であろうと、「自由」を束縛する危険を有するとして警戒されてきた。中世思想への回帰ではないかと恐れられたからである。しかし、稲盛哲学は、自由を否定する思想ではない。むしろ、それは、伝統的社会哲学が見落としてきた「カント流の自由」「理性に基づく高次の自由」を提唱するものである。「人と人の関係」に着目する哲学が展開する「自由論」とはどのようなものか。その論理展開を確認しよう。

一、「関係の中にある人」を意識する

伝統的社会哲学は、社会を構成するものが、さまざまな人間関係を捨象してしまったあとに残る「抽象的な個人」「バラバラな独立自由な個人」であると解する。これは、欧米の哲学的

伝統に見られる傾向でもある。西洋由来の社会哲学では、扱うべき「社会」は、そのままでは説明のつかない対象であった。そこで、観察対象の社会を細かく分割（divide）していった。これをとことん進めていった結果、これ以上は分けられない（in-divide）単位に行き着いた。それが「個人」（in-dividual）という最小単位だったわけだ。

これに対し、稲盛哲学は、人をバラバラな個として扱うことはない。誰にも影響を受けない、独立自由な個体に還元してしまえば、人が負うべき責任や担うべき役割までが見えなくなってしまうからである。どうしても社会を分けて整理したいというのであれば、その最小単位は「個人」ではなく、「関係の中にある人」あるいは「人と人の関係」でなければならない。英語で言えば、「individual」ではなく、他の人との関係の中にある「person」（人）でなければならない。「person」という言葉には、もともと、さまざまな「顔」の集合、多様な「役割」の集合という意味が込められているからである。

理論的には、他人から影響を受けない独立自由な個人という概念は想定可能かもしれない。しかし、実際の人間は、他者とのやりとりの中で、日々、仕事をし、会話をし、生活を送る「間人《かんじん》」ともいうべき存在である。この認識に立つため、稲盛哲学は、人々が相手に対し、どのような期待や思いを持つか、またそれらの期待や思いに、各自はどう応えるか、という点を重視するのである。

たとえば、自由至上主義では、労働者の「人としての多様な側面」は捨象され、生産手段という一面だけが、あるいは労働を提供する個という側面だけが、大きく取りあげられる。これに対し、稲盛哲学では、経営者も労働者も、関係の中で期待される役割を担い、また協働を通じて、互いに成長する主体として扱われる。稲盛氏自身がこの見方を強く持っており、またそのように人を扱ってきたからである。その典型は、京都セラミック（現在の京セラ）の設立数年後に経験した「新入社員たちによる報酬要求」「彼らとの対話」「その後の内省」という一連の出来事に見ることができよう。

二、関係を通じて責任や役割を自覚する

「少し、稲盛さんの話をさせてください。稲盛さんは、技術者として成功することを夢見て、二七歳の若さで京都セラミックという会社を設立します。これが自分自身の自由な意思に基づ

く決断だったわけです。仲間や先輩も『稲盛さんに技術者として存分に能力を発揮してもらいたい』と思い、創業を心から応援してくれました。ところが、創業三年目（一九六一年四月末）で、稲盛さんは、図らずも技術者としての夢だけでは、会社は成り立たないということに気づくんですね」。

「それは、高校を卒業したばかりの、皆さんのような若い社員たちが、稲盛さんに『将来の報酬を約束せよ』と迫ったことがきっかけでした。今と違って、当時は、労働運動というのが盛んで、いろいろな会社で、労働者と経営者が激しく対立していたんです。それが創業当時の京セラにも起こったんですね」。

「稲盛さんに、要求を迫ったのは、高卒の新入社員一一名でした。創業間もない会社が将来の報酬保証などできるわけがありません。だから、稲盛さんは、彼らを自宅などに招き、三日三晩、腹を割って会社の実情と自身の夢を語り、理解してもらおうと努力しました。その真摯な姿勢と熱い思いに、社員たちも、心を徐々に開いていったそうです。ただ、一人の青年だけは、自身の要求を絶対に曲げませんでした[7]」。

「たとえば、皆さんが、ある運動部の部長だとしましょう。今年は、県大会での優勝を目標に全員で頑張ろうとしていたところ、何人かの部員がこれに反発したとします。皆さんは、不満をもった部員を説得しようと努力しますが、最後の一人はどうしても理解してくれません。さて、皆さんなら、どうしますか」と投げかけ、稲盛氏の経験を自分の身に置き換えて考えてもらった。

会社経営と部活では、事情は違うかもしれないが、ともに人の心をいかに動かすかという点では同じである。生徒たちの答えは「説得します」「説得を続けます」、そして「説得してもダメなら、部活を辞めてもらいます」であった。

「稲盛さんも、皆さんが言ったように、とにかく説得を続けました。ただ、どんなに説明しても分かってくれませんでした。そこで、どうしたと思いますか。皆さんは『部活を辞めてもらう』と言いましたが、稲盛さんは彼を解雇したと思いますか。違うんですね。稲盛さんは、それでもあきらめず、分かってくれるまで、信じてくれるまで、ただただ説得を続けました」。

「そして、万策尽きた時、ある一言を口にしました。何と言ったと思いますか」。

私のこの質問で、生徒たちは「ようやく来たな」という気持ちになったんでしょう。「それなら、辞めてもらうしかない」「ここまで言って分からないなら、他で仕事を探してくれ」「嫌なら、辞めて結構だ」などと言い出した。

これに対し、私は「いずれも違います」と言った。

生徒たちは、おもしろいほど真剣に話の中に入ってきた。「早く答えを知りたい」という雰囲気になったところで、私は稲盛氏の言葉を紹介した。

「その一言とは『もし、お前を裏切ったらおれを刺し殺していい』というものでした。皆さんには、何か暴力的な言葉に聞こえるかもしれませんが、それは『おれは絶対にお前を裏切らない』『おれを信じてくれ』『おれの気持ちはモノを使って証明できないが、生命にかけて、自分の言ったことは守り通す』という一言だったんです[8]」。

「『ワン・ピース』という漫画がありますね。私は、ストーリーはよく分かりませんが、主人公のルフィーは海賊王になろうとしているんですね。皆さんの方が詳しいと思いますが、この主人公のルフィーは、どうしてあんなに仲間に慕われるんですか。なぜ仲間を次々と増やしていくことができるんですか」と尋ねてみた。

この質問でクラスの雰囲気はさらに和らいだ。私が漫画の話などしないと思っていたからであろう。この話に乗ってきた生徒たちが発言し始めた。

「それは、仲間を絶対に裏切らないから」。
「仲間のためなら、命も惜しまないから」。
「何よりも、信頼を大切にするから」。

「ありがとう。そうですか。ついでにもう一つ聞きたいことがあります。今、日本で一番よく読まれているコミック本は何だと思いますか」。この流れで、こんな質問をすれば、誰でも答えは分かる。「ワン・ピース」である。それを確認したうえで、話を続けた。

「『仲間を絶対に裏切らない』ということをテーマとした漫画が、多くの人の、とくに若い人の心を、しっかりとつかんでいるんですね。創業当時の稲盛さんは、現代風に言えば、ルフィーのような青年だったということです。『お前を裏切ったらおれを刺し殺していい』とまで言い切ったんですからね。事実、一人、反発し続けた社員も、この言葉に触れ、涙を流し、稲盛さんと握手を交わしたそうです」。

「さて、これにて一件落着と考え、日常に戻れば、稲盛さんは、普通の経営者にとどまっていたでしょう。説得して終わり、という人はどこにでもいるからです。稲盛さんが他と違うのは、『仲間を絶対に裏切らない』という自身の言葉を確実なものとするため、思い切った行動をとったことなんです。それは、会社は自分自身の夢を追う手段でないこと、会社は社員の幸福のためにあること、その自覚を明文化したことなんですね」。

この時の経験を、氏は次のように語っている。

「数週間にわたり悩んだ末、自分自身を吹っ切るようにこう思った。もし、自分の技術者としてのロマンを追うためだけに経営を進めれば、たとえ成功しても従業員を犠牲にして花を咲かせることになる。だが、会社には、もっと大切な目的があるはずだ。会社経営の最もベーシックな目的は、将来にわたって従業員やその家族の生活を守り、みんなの幸せを目指していくことでなければならない[9]」。

「このあと、稲盛さんは、京都セラミックであろうが、依頼を受けて再生にあたったＪＡＬであろうが、自身が関わる会社の経営理念には、必ず『全従業員の物心両面の幸福を追求する』という文言を掲げるようになったんですよ。従業員が経営者に幸福の実現を期待していること、経営者もその期待に応える責任を負っていること、その二つを強く自覚し、これを会社の精神的支柱としたんです」。

言い換えれば、氏は、自らを従業員との関係の中に位置づけ、その脈絡において、自身の責任と役割を捉え直し、これを「全従業員の物心両面の幸福を追求する」という言葉に表現したわけだ。

「自分は何をしたい」「自分は何になりたい」「自分の力を試したい」。このように、視点を自身の中だけに置けば、稲盛氏も、技術者としての夢のみを追い続けたかもしれない。しかし、従業員との本音での対話は、彼らとの関係の中で、つまり、人と人の関係の中で、自身のあり方を考え直す絶好の機会となったのである。

三、関係の中にある人とは、日常に根ざしたもの

「稲盛さんは、新入社員とのやりとりの中で、自分のやるべきことを強く自覚したわけですね。その意味で、期待されること、果たさなければならないことは、他人との関係の中で決まってくる、と言えそうですが、皆さんは、人間関係の中で、そんな自覚を持ったことがありますか」。

こう聞くと、生徒たちから、「稲盛さんは経営者だから、他の人との関係を強く意識したんじゃないでしょうか」「若い人たちは、他人との関係よりも、やはり、自分を中心に物事を考え、行動していると思います」「他人との関係の中で、自分が負うべき責任、果たすべき役割など考える人はあまりいないような気がします」といった声があがった。

この答えに、少しばかり落胆したが、気をとり直し、次のような話をした。

「人間が関係の中にあるということは、稲盛さんのような強烈な体験がなくても、理解できると思います。それは、日常的に誰もが経験していることだからです。今、皆さんが、親しくしている友達二人を、自分の家に招くとしましょう」。

「その日は、たまたま自宅にお母さんがいたので、友達は家に入るなり、台所にいたお母さんに挨拶をしました。そのあと、皆さんは、友達二人を自分の部屋に連れていきます。三〇分ほど話をしていたら、お母さんが気をつかい、三人分のケーキとお茶を運んできてくれました。質問一です。あなたは、お茶を持ってきてくれたお母さんに感謝しますか」。

全員が「感謝します」と答えてくれた。

そこでさらに「お茶を運んできてくれたお母さんだけど、お茶を出したあと、部屋からなかなか出ていきません。最初は立って話をしていましたが、そのうち椅子を持ち出し、それに腰かけ、会話に入ってきました。質問二です。あなたは、お母さんに早く部屋を出ていってほしいと思いますか」。

この問いに、大半の生徒は「早く出ていってほしい」と答えた。

その回答を確認したうえで、さらに「その日は、お父さんがたまたま休みで家にいました。お母さんが茶の間に戻ってこないため、お父さんは淋しくなり、皆さんの部屋にやってきます。ドアを開け、お母さんに、『おい、何してるんだ』と一言。そして、お父さんまで椅子に腰かけ、会話に参加してきました。最後の質問です。あなたは、お父さんがそこに座っていることに耐えられますか」。

これには、全員が「耐えられない」と答えた。

世の中、娘を溺愛する父親は多いが、娘の側からすれば、父親は邪魔な存在なのかもしれない。ただ、本当に「邪魔な存在」なのだろうか。そこで、もう一つ尋ねてみた。

「皆さんは、お母さんやお父さんが嫌いなんですか」。

嬉しいことに、この問いには「そんなことはありません。ただ友達との会話には入ってきて欲しくないです」「嫌いではないんですが、そこに座られると、やりにくいです」「嫌いじゃないけど、うざいです」ということであった。

「嫌いでもないのに、どうしてそこに居て欲しくないんだろうか。理由、分かりますか」と、生徒たちに考えてもらった。

皆の意見を待ったが、なかなか発言がなかったため、私の方から「それは皆さんが、関係の中にある人として行動しているからですよ」と言った。

当然、これだけでは、生徒たちもピンと来ないので、話を補った。

「皆さんは、日常、いろいろな仮面をかぶって生活しているんです。仮面というのは、別に悪い意味で言っているんじゃないんですよ。皆さんは、他人との関係で、いろいろな仮面をかぶって、さまざまな役割を演じている、ということです。友達との間には暗黙の了解があり、それを理解したうえで、自身のやるべきことをやっている。同様に、親との間にも、暗黙の了解があり、それを理解したうえで、無意識のうちに、自身のやるべきことをやっている」。

「そのような顔は、二つに限られません。私の場合であれば、家内に対し夫の顔を、子供に対し父親の顔を、学生に対し教師の顔を、お隣さんに対し隣人の顔を、といった具合にいろいろな顔を持っています。しかも、私たちは、それをあまり意識しないで、使い分けているんです」。

「ただ、人は、それらの役割を同時に二つ以上、演ずるのが苦手です。複数の仮面を同時にかぶって行動しようとすると、大変なストレスを感じてしまうんです。皆さんは、他人との関係の中で、自分が負うべき責任や果たすべき役割などを考える人はいません、と言いましたが、本当にそうでしょうか」。

「むしろ、皆さんの方が、より厳格に他人との関係を考え、演ずべき役割やそれに伴う責任をはっきり区別し、行動しているんじゃないでしょうか。お母さん、お父さんには会話に参加して欲しくない、と感じた理由ですが、それは、皆さんが異なる二つの仮面をはっきりと使い分けて生活しているからです」。

「皆さんは、両親に対し、子供という役割を演じますが、友達に対しては、別の仮面をかぶって行動します。自宅では、両親のことを、ママ、パパと呼ぶかもしれません。別の呼び方もあるでしょうが、少なくとも、両親に向かってファースト・ネームで、あるいはオフクロ、オヤジなどと、呼びかけることはないはずです。両親との間で、昔からそうした暗黙の約束みたいなものがあるからです。これに対し、学校では両親のことを、たとえば、オフクロ、オヤジと呼んでいるとします。女子校では、そんな呼び方はしないかもしれませんが、男子校ではよく耳にしますので、そう呼んでいると仮定しましょう」。

こんな解説をしたうえで「友達と両親が一緒にいる場所で、皆さんがストレスを感じるのは、皆さんが、どちらの顔で役割を演じてよいのか、分からなくなってしまうからです」と言った。そして「言い換えれば、皆、関係の中にある人として意識的・無意識的に行動しているから、顔の使い分けに苦しむんです」と結んだ。

四、関係を意識すると、何が見えてくるか

この説明で、彼女たちも「関係の中にある人」という意味を理解し、また事実としてそうした関係の中で、自分たちが生活していることを実感したようであった。ただ、社会の構成要素を「バラバラな個人」ではなく、「関係の中にある人」あるいは「人と人の関係」という視点で捉え直すと、いったい何が見えてくるのであろうか。伝統的社会哲学がこれまで強調しなかった何か新しいものが見えてくるのであろうか。

「バラバラの独立した個人」を想定した場合、重要なものとして見えてくるのは、個人に還元されるものとなる。だから、伝統的社会哲学では、個々人に還元可能な所得や富が重要なものとして取りあげられた。しかし、「人と人の関係」を想定した場合、個人のレベルに還元されるものに加え、関係のレベルに還元されるものも重要となってくる。

関係レベルに還元されるものの中には「共同で所有する共有地」といった財産も含まれようが、中心は、やはり、共同所有物などではなく、人々の間で培われるものとなる。これを「関

係財」と呼びたい。具体的には、相互間の信頼、賞賛、尊敬、さらには、それを背景として、社会全体あるいはコミュニティ全体に生まれる治安の良さ、生活の充実感、人々の絆などである。

確かに「関係財など気分的なものにすぎない、貨幣価値に換算できず、確証のあるものではない」と一笑されるかもしれない。しかし、東日本大震災の時、被災者をはじめ、多くの人が改めて「絆」の大切さに気づいたはずだ。「絆だけでは生活はやっていけない」というのも事実であろうが、絆が多くの人に生きる勇気を与えたことも事実である。それは、貨幣価値に換算できないかもしれないが、人々に生き抜こうとする勇気と力を与えたはずだ。

「皆さんも覚えているように、二〇一一年三月、マグニチュード九・〇を超える大地震が東日本を襲いました。これにより、仙台市の公共交通機関は完全に麻痺し、多くの市民が帰宅困難となりました。この日、仙台市内は激しく揺れ、ほとんどの小売店舗はメチャメチャになってしまいました。被害の大きさから、どこの店も営業などできる状況ではなくなってしまいました。そんな中、多くの帰宅困難者ができるだけ早く身内の安否を確認したいと考え、自転車屋に集まってきたんです。公共交通機関が動かなくても、自転車なら移動できると思ったんですね」。

「これは、ある自転車屋さんの話です。店主は、帰宅困難者が次々と集まってくるため、皆の窮状に応えようと、店を開くことにします。ただ、来店者は、自転車を買う現金など、持ち合わせていませんでした。停電のため、カード決済もできません。このため、店主は、迷うことなく後払いで、しかも定価で自転車を譲っていきました。顔を見たこともない赤の他人に、メモ程度の住所を残してもらい、商品を渡していったんです。この店で自転車を購入した被災者たちですが、後日、一人も欠けることなく代金の支払いに戻ってきたそうです」。

「極論かもしれませんが、伝統的社会哲学の発想に立てば、自転車屋は合理的な行動をとらなかったと言えるでしょう。自由至上主義にしたがえば、店主は、需要と供給のバランスを考え、自転車の価格を引きあげてもよかったはずです。値段が高くなれば、その店主だけでなく、他の業者も利益目的で自転車販売に力を入れ、より多くの自転車が被災地に供給されるようになります。また多数の業者が自転車を供給するようになれば、自転車不足は解消し、自転車の値段も下がっていきます」。

「簡単に言えば、業者が利益を追求して行動すれば、それが結果的に被災地を助ける、というんですね。自由至上主義は、こんな理由づけで価格の引きあげをよし、とするんです。この説明を聞いて、皆さんはどう感じますか」。

「他方の社会自由主義にしたがえば、劣悪な状況に置かれた社会的弱者を救うのは政府の務めとなります。しかし、被災直後、政府が動くまで待つなどと悠長なことは言っておれません。また被災地にあって、誰がもっとも劣悪な状況に置かれた弱者であるかなど知るよしもありません。もしかしたら、自転車の購入に来た被災者よりも、店主の方が悲惨な状況に置かれていたかもしれません。仮にそうだとすれば、店主は、少し高い値段で自転車を売るべきだったのかもしれません」。

「いずれにせよ、震災後のゴタゴタの中で、店主が法外な値段をつけ、自転車を販売していたら、どうなっていたと思いますか。自転車を購入した人も不満を感じ、数名は支払いに戻ってこなかったかもしれません。店主に渡すメモに嘘の住所を書いておけば、支払いを踏み倒すことだって、できたわけですから」。

「でも、実際には、全員が支払いに戻ってきました。店主の善意に、自転車を購入した被災者は、誠意をもって応えたんですね。なぜ、彼らはこんな行動をとったんでしょうか」。

この問いかけに、生徒たちは、それぞれ「店主も自転車を購入した人も『こんな時に儲けてはならない、こんな時こそ人の役に立たなければならない、信頼には信頼で応えなければならない、人と人の絆は大切にしなければならない』と思ったからでしょうか」と答えてくれた。

「おそらく、そうでしょうね。私もそう思います。この両者の間にある気持ち、考え方、暗黙の了解。これらが、人と人の関係で共有される『関係財』と言われるものです。それは、コミュニティに形成される『無形資産』と言ってもよいでしょう」。

五、人と人との関係を大切にする

ただ、正確には「人々の間で培われる関係財」という言葉には、プラスの関係財だけでなく、マイナスの関係財も含まれる。マイナスの関係財とは、たとえば、警戒、嘲罵、軽蔑であり、これを背景として社会やコミュニティに生まれる治安の悪さ、生活の空虚感、孤独の蔓延などである。一方が他方を疑い、欺こうとすれば、他方もこれに対抗し、画策することになる。その結果、社会には、警戒というマイナスの関係財が生まれるわけだ。

もっとも、こうした説明は「プラスとマイナスの関係財がある」という事実の整理にすぎない。この種の概念整理は社会学のやることであって、社会哲学が関心を向けるところではない。社会哲学がやるべきことは概念整理の先だ。すなわち、「人と人の関係をプラスにするには、どうしたらよいか」「プラスの関係をつくるうえで、人は役割や責任をどう引き受けたらよいか」といった実践上の課題に応えることである。

ただし、理屈っぽく言えば、「なぜプラスの関係でなければならないのか」と疑問を持つ者も出てこよう。こうした議論を避けるため、私は、生徒たちに次の質問をしてみた。

「人は、社会にあって、信頼、賞賛、尊敬を期待しますか、それとも、警戒、嘲罵、軽蔑を期待しますか。そのいずれでしょうか」。答えは分かりきっているが、あえて「皆さん、どう思いますか」と確認した。

答えは、当然「信頼、賞賛、尊敬を期待します」であった。

「そうですね。常識的に考えれば、人は、警戒し合い、ののしり合うことなど望みませんね。治安が悪化すること、社会が混乱することを願う者などいませんね。もっとも、そうした劣悪・険悪な関係に陥ってしまうことは事実としてあるかもしれませんが、それが望ましい人間関係であると考える人はいないはずです。ロールズの『無知のヴェール』を被ってみれば、これは明白でしょう」。

「稲盛さんも、これを自明の理として、信頼、賞賛、尊敬の関係をつくるには、いったいどうしたらよいかを考えていったんですね。そして、その結論として『よき考え方の実践』を唱えたんです」。

六、欲望の鎖から自らを解放する

「考え方」そのものに関する説明とその評価は次章に譲り、ここでは、とりあえず「関係づくりに臨む姿勢」と「自由な意思」との関係を、稲盛氏がどのように考えているかを整理しておこう。つまり、氏が、社会哲学の主要テーマである「自由」をどのように扱っているかを押さえておきたい。

「すでに説明した通り、中世という時代は、人々の関係、とくに支配と服従の関係が各自の自由を束縛する時代でした。この時代と決別するため、伝統的社会哲学は、さまざまなしがらみに縛られない独立自由な個人を想定したわけですね。ですから、『よき考え方をもって行動せよ』と唱える哲学は、すぐに中世思想への回帰あるいは意思の自由な発露を否定するものとして警戒されたんです」。

「確かに、ある特定の『考え方』を他人から押し付けられれば、何か自由を奪われるような気がします。皆さん、どうですか」と尋ねてみた。

するとと、よく発言する生徒が「人間関係の中で、自分のやるべきことが、一方的に決められ、それにしたがうだけとなれば、そこには自由などないような気がします」と感想を述べてくれた。

「今、すごくいい指摘をしてくれました。『一方的に決められ、それにしたがうだけ』と言いましたね。あなたは『一方的に』と表現しましたが、その言葉は『自分の意思や理性とは関係のないところで』と表現し直してもいいですか」と、発言した生徒に確認してみた。

「そう言い換えてもよいと思います」と、彼女が賛同した。

「だとすれば、稲盛哲学は、『よき考え方』の実践を提唱することで、一人ひとりをもっと自由にしようとした、と言い換えてよいと思います」。この一言では分かりにくいので、私は手にしていたチョークを持ち直し、それを皆に見せた。

「このチョークですが、今、私の手から離すことにします。するとどうなりますか。チョークは床に落ちるでしょう。チョークには意思などなく、ただ物理法則に支配されて落ちるだけです。先ほど使いました『一方的』という言葉を使えば、チョークは一方的に法則に支配され、動くということです」。

「今、何日も餌を食べていない猫に、餌を見せるとします。その猫は一目散に餌に向かって走って行き、それを食べるでしょう。猫は、食欲という生理法則にしたがって行動するわけです。この時、猫の行動は、法則に一方的に縛られたと言ってよいでしょう」。

「人間にも、当然、物理法則や生理法則が働きます。人間の場合、とくに厄介なのは、各自に埋め込まれた本能や欲望です。人間である以上、これにしたがって行動せざるを得ませんが、それだけに一方的に支配され、身体を動かすとすれば、チョークや猫と同様、人も完全に自由を奪われていることになります」。

「皆さんは、ドイツのイマヌエル・カント（1724～1804年）という哲学者を知っていますか。名前は聞いたことがあるんじゃないでしょうか。もし聞いたことがないというのであれば、ぜひ覚えておいてください。自由とは欲望のままに生きることだという人がいますが、カントは、本当の自由とは欲望のままに生きることではない、と言ったんですよ[10]」。

「物理法則や欲望の鎖から、理性の力をもって自らを解放し、自身のやるべきことを自律的に決定し、行動することだとしたんです。稲盛さんがいう『自由』とは、まさにこのカント流の自由なんです」。

七、自由な意思の実践とは

「稲盛和夫という人は、自身の体験を通して、『自由』の意味を確信し、それを自身の生き方として実践してきたんですね」。私は、こう一言、語ったあと、氏の次の言葉を生徒たちに紹介した。

「人間は、本能と理性の両方を持って生まれてきます。ものを食べたり、飲んだり、喧嘩をしたり、所有欲や妬みを感じたりするのは、すべて自分自身の命を守り、家族の繁栄を図る自己保存本能のなせる業なのです」「人間は、しばしば、この本能をベースとして判断を行います」

「しかし、それでは動物と同じです。もし、状況を客観的に見ることができれば、もっと良い意思決定ができるはずです[11]」。

「稲盛さんはこのように説明し、さらに語っています。重要な点だけ、拾い読みしましょう」と述べ、私は、手に持っていた本のページをめくった。

「本能を抑えることは容易なことではありません。人間は本能なしで生きることはできませんし、私は、本能をすべて取り除けと言っているのではないのです[12]」。

「必要なことは、利己的な欲望が出てきた瞬間にそれに気づき、意識してそれを抑え込もうと努力することなのです」「本能心を抑えるための一番良い方法は、都合のよい欲望の心が出てきたならば、『勝手なことを思うな』と自分に言い聞かせ続けることです。この本能心を打ち消す習慣が、理性心を発露させ、正しい判断を生むのです[13]」。

「少し難しくなってきましたね。ここでは、本能や欲望という言葉が出てきましたが、これは、生理的なものに限られません。広い意味での欲望も含みます。たとえば、自己の利益だけを考え、特定の人と新たな関係をつくったり、その関係を維持したりすることも、欲望のなせるわざ、ということになります」。

「さっき言った通り、伝統的社会哲学は、過去の支配・服従関係を『自由を束縛するもの』として忌み嫌ってきましたが、それは特権階級が自己利益のために、支配・服従の関係を維持しようとしたからです。ただ、支配・服従の関係を壊した人が、ふたたび、自らの利益だけを考え、新たな関係を築くとすれば、どうでしょうか」と生徒たちに尋ねてみた。

とくに意見が出てこなかったため、「ここで『新たな関係』というのは、契約関係という取引上の関係のことです」と言って、彼女たちの注意を「契約関係」という言葉に向けさせた。

「現代社会を特徴づける契約関係とは、対等の立場にある者同士が、各自の利益を求め、自由に取引する関係のことです。そこでは、参加する自由も、取引から退く自由も、双方に保障されています。皆さんは、こちらの高校で教育サービスを受けていますが、その内容が不十分であれば、この高校を辞め、他の高校に移る自由を持っています。学校側も、理屈上、皆さんがとんでもないことをすれば、教育サービスの提供をやめ、皆さんを退学させる自由を持っています。これが、皆さんと学校の間の契約関係ということです」。

「これに対し、かつての支配・服従関係は、服従する者には、そこから抜け出す自由など、与えられていませんでした。その意味で、過去の支配・服従関係と、現代の契約関係はまったく違います。ただ、考えてもらいたいのは、関係を結ぶ『動機』についてはともに、非常によく似ているということです」。

「支配・服従関係における支配者は、自身の欲望充足を動機としました。他方、契約関係を結ぶ双方の当事者も、自身の欲望充足を動機としています。とくに契約関係では、契約を結ぶ動機も、解除する動機も、常に自身の欲望充足にあるわけです」。

「もう一度、皆さんに聞きますが、自らの利益だけを考え、つまり、本能や欲望にしたがって新たな関係を築くことについて、あるいはすでにある関係を解除することについて、どのような感じを持ちますか」と質問した。

当然ながら、「それは、それでよいと思います」「現実がそうなっているんで、仕方ないと思います」「各自が利益を求めることも、すべて悪いというわけじゃないと思います」との答えが返ってきた。

「なるほど。その通りですね。現代社会は、現実に契約社会となっており、また各自も利益を求めて契約を結ぶわけだから、これでよし、ということですね。先ほど、稲盛さんの言葉を紹介しましたが、皆さんと同じように考えるから、稲盛さんも、『本能をすべて取り除けと言っているのではない』と言ったんでしょうね」と語り、生徒の回答と稲盛氏の思想がつながっていることを説明した。

「ただ、皆さんに聞きたいのですが、取引する時の関係は、純粋に双方が自己利益を求めるだけの関係でよいと思いますか」と質問した。問いの意味が分かりにくかったと反省し、さらに次のような話をしてみた。

「純粋な契約関係とは、たとえば、皆さんがある会社のチョコレートを購入する時の売買取引に見られるようなものです。皆さんは、甘いものを食べたいという自身の欲求を満たすため、お金を払ってチョコレートを購入します。会社側は、自身の売り上げを伸ばし、利益をあげたいと考え、皆さんに製造したチョコレートを販売します。契約関係とは、これ以上の関係でも、またこれ以下の関係でもありません」。

「そこで尋ねますが、皆さんと学校の関係は、このような契約関係と同じだと思いますか」と問うてみた。

すると、あまり考えることなく、生徒たちは「基本的に同じだと思います」と答えた。

「では、再度、聞きますが、皆さんの中の誰かが、社会を驚愕させるような大きな事件を、夏休み中に起こしたとしましょう。そんなことはあり得ないでしょうが、仮に誰かが大事件を起こしたとします。すると、学校側は記者会見を開き、校長先生や教頭先生などが頭を下げ、社会に向かって謝罪することになります。学校側は、こうした対応をとりますが、皆さんは、それを当然だと思いますか。当然だと思う人は、手をあげてください」。

この質問に、生徒たち全員が手をあげた。

「では、もう一つ聞きます。その事件を起こした生徒は、いつも特定の会社のチョコレートを買っていました。この場合、チョコレートを販売していた会社のトップも、記者会見を開き、夏休み中の生徒の行動について謝罪するでしょうか」。

今度は、全員が「そんなこと、あり得ない」と答えた。

「どうですか。気づきませんか。皆さんは、学校との関係がそれぞれの利益を念頭に置いて行う教育サービス取引だと言いましたが、本当にそうでしょうか。学校は、皆さんの行動について、とくに学校側の監督が十分及ばない夏休み中の行動についてまで、社会に謝罪するんですよ。契約関係であれば、そんなことは絶対にしません」。

「契約関係以上のことを皆さんは、学校に期待しており、また学校側も、それ以上のことをやろうとしているんじゃないですか。だから、学校側は皆さんを本当に大切に扱い、皆さんもこの学校に、このクラスに、強い愛着心を持っているんじゃないですか。その関係は『相互信頼に基づく関係』と呼ぶべきものなんですよ」と説明した。

「稲盛さんは、他人との関係を構築するときには、日常の人間関係であろうが、ビジネス上の取引関係であろうが、基本的に『信頼し合える関係』の方がはるかに望ましいとしています。信頼関係の方が社会を住みよくし、生活を豊かにすると考えているからです」。

「しかし、自己利益に縛られ、本能のままに行動するようになれば、人は信頼関係づくりを避けてしまいます。信頼関係づくりには必ずどこかの段階で、自己犠牲が求められるからです。稲盛さんが『自分勝手なことを思うな』『理性心を発露せよ』と主張するのは、まさにここに理由があります。欲望に縛られず、理性に基づいて行動すれば、人は本当の意味で自由になれる。そして、その自由が、通常の契約関係を信頼の関係にまで高めてくれるとしたわけです」。

稲盛氏の「自由観」についてまとめておこう。氏のいう「自由」とは、物理的・生理的な法則に縛られないこと、身体に埋め込まれた欲求や本能に振り回されないこと、人間だけが持っている「理性」の力を発揮し、進むべき方向を自らの意思と責任で決めていくこと、である。これこそ、本当の意味での自由である、としたのである。

八、人間の関係は自身の心の反映

稲盛哲学の中核にある自由の意味が分かれば、これが単なる過去への回帰でないことも理解できよう。むしろ、それは将来に向かい、道を開くものと言えるかもしれない。さらには、若い世代の人たちが抱える悩みを解消する知恵であるかもしれない。そんなことを感じたため、私は、生徒たちと一緒に「友達関係」について考えてみた。

「皆さんは、たくさん、友達を持っているでしょうが、その関係は、当然、契約関係ではなく、信頼の関係を目指しているはずです。これを否定する人はいないと思います。そこで、稲盛さんが信頼関係についてどんなことを言っているか、紹介しておきましょう」と言って、氏の著作を読みあげた。

「信頼できる関係を築くには、どうすればよいのでしょうか。私の場合はまず、信じられる仲間をつくろうと思いました。つまり自分の外に信頼関係を求めたのです。しかし、私は間違っていました。自分が信頼される人間にならないと、本当の信頼関係は築けないことに気づいたのです。第一に自分自身の心がほかの人たちから信頼されなければ、仲間でさえ引き付けることはできないのです。信頼関係は自分自身の心の反映だったのです[14]」。

「ここで『自分の外に信頼関係を求めた』というのは、自身の利害や欲望を動機として、関係構築を考えてしまったということです。もっとストレートに言えば、相手を『手段』として利用したということですね。皆さんたちのような世代であれば、『クラスで自分が孤立しないように』といった理由で、友達をつくることがあるかもしれません」。

「この場合、『自分の外に関係を求めた』ということになるでしょう。稲盛さんは、そうした動機で関係をつくっても『本当の信頼関係は築けない』と言っているんです」。

「『孤立しないように』という動機を持って、皆さんがあるグループに入るとします。この場合、仮にそのグループが誰かをターゲットにして、いじめを始めたら、皆さんはどうしますか。『やめた方がよい』などと発言すれば、今度は皆さんがターゲットになるかもしれません。だから、『孤立しないように』という動機でグループに入った人は、結局、仲間と一緒にいじめをやることになります」。

「だから、稲盛さんは、自分の外に関係構築の理由を求めてはいけない、と言っているんですね。本当に信頼し合える関係をつくるには、まず自身が皆に慕われる人になること、少なくともそうした努力を続けること、これを稲盛さんは言っているんです」。

高校生といえば、人間関係に悩みを持つ子供たちばかりだ。彼女たちの心はガラス細工のように繊細で、相手のちょっとした言動でも、すぐに傷ついてしまう。そのような子供たちにこんな話をしても、クラスの中では、なかなか本音は聞けないものである。そう思い直し、最後に次の話をした。

「たとえば、ラインやメールを使って、皆とやりとりしている人は多いと思いますが、自分にメッセージが来ないと不安だとか、あるいはメッセージを出していないと心配だとか感じていませんか。もし不安な気持ちで、皆とやりとりしているとすれば、それは『自分の外に関係』を求めているから、と言えるかもしれません」。

「稲盛さんは、人間の関係が『自分自身の心の反映』と言っていますが、もし皆さんが『不安』を抱いて、関係をつくっているとすれば、それは決して『心地の良い関係』ではないはずです。この話は難しいかもしれませんが、これからの人生、皆さんが、『自分自身の心の反映』という言葉の意味を考えながら生活していけば、そうですね、二〇歳を過ぎた頃には、その意味も少し分かってくると思います。私は、そんな大学生をたくさん見てきましたので、嘘じゃありません。だから、この言葉を心のどこかにしまっておいてください」。

7 稲盛和夫『稲盛和夫のガキの自叙伝』日本経済新聞出版社、二〇〇四年、七九-八一頁。稲盛和夫『新しい日本 新しい経営』PHP、一九九八年、一三二-一三五頁。
8 稲盛和夫『稲盛和夫のガキの自叙伝』八一頁。
9 稲盛和夫『稲盛和夫のガキの自叙伝』八一-八二頁。
10 カント『道徳形而上学原論』(篠田英雄訳)、岩波書店、一九六〇年、二八-二九頁、四三-四五頁。
11 稲盛和夫『成功への情熱』PHP、二〇〇七年、四八頁。
12 稲盛和夫『成功への情熱』四九頁。
13 稲盛和夫『成功への情熱』四九頁。
14 稲盛和夫『成功への情熱』九四頁。

第七章

稲盛哲学における「考え方」とは

伝統的社会哲学の第二の理論的前提は「ある特定の考え方をよいものとして推奨しない」という点にあった。「よき考え方」の提唱は「自由」を脅かす、と解されてきたからである。したがって「考え方こそ大切である」とする稲盛哲学には、伝統的社会哲学より厳しい批判を受ける可能性がある。しかし、稲盛哲学で言う「よき考え方」は、他の社会哲学より批判を受けるような内容となっていない。私がそう解する根拠を示していこう。

一、よき考え方とはどういうことか

「さて、人と人との間に、信頼、賞賛、尊敬の関係をつくるには、よき考え方をもって行動しなければならない、と説明しました。ただし、その際、私は『よき考え方』の内容については、いっさい触れませんでした。ですから、ここでは、よき考え方の中身について見ていきましょう。稲盛さんは、何をもってよき考え方と言ったんでしょうか」。

「まず、『よき考え方』と言いますと、皆さんは、どのような価値を思い浮かべますか」と言って、前から順番に答えてもらった。

「正直、でしょうか」「謙虚、かな」「まじめ」「誠実さ」「嘘をつかないこと」「公明正大」「寛大」「親孝行」などと、生徒たちは考えられる徳目を次々とあげていった。

「ありがとう。もうそれくらいでいいでしょう。今、あげてもらった徳目は、いずれもよい考え方の具体例に違いありませんが、稲盛さんは、徳目そのものをよき考え方とはしませんでした。徳目ではなく、『人間として何が正しいかを問いただすこと』を、実践すべき『よき考え方』としたんです。分かりますか」。

『人間として何が正しいかを問う』という考え方について、私が強調したいのは、この言葉の冒頭部分である『人間として』という表現です」と言って、皆にその意味を考えてもらった。

「皆さん、『人間として』と言った時に、そこにどんな意味が込められていると思いますか。植物として、あるいは動物としてではなく、『人間として』と言っているわけですから、そこには何か特別な意味が込められているはずです」と説明した。

生徒たちからは、なかなか声があがらなかった。そこで、私なりに解説してみた。

「それは、第一に社会生活を営む者としてという意味が込められている、と思います。『人間として』と言った時には、間人として、人と人の間にある者として、社会的な脈絡の中で、といった意味があるからです。繰り返せば、『個として何が正しいか』ではなく、『社会的な存在として何が正しいか』を問うように求めているんですね」とまとめ、これが第一の意味になることを確認した。

「稲盛さんの『人間として』という言葉には、もう一つ別の意味も込められています。それは『理性を持つ存在として』という意味です。植物にも動物にも理性はないとされていますので、『理性を持つ存在として』と表現できるわけです。今、社会的な脈絡の中で人は物事を考え直す必要があると言いましたが、その視点のみで考えていれば、今度は、これが誤りの原因となるかもしれません。ですから、稲盛さんは『社会的な存在として』だけでなく、『理性を持つ存在として』という視点からも、何が正しいかを問うよう説いたんですね」。

「そもそも、稲盛さんが『人間として何が正しいか』を問うように求めるのは、人が常に奢りや傲慢に陥る可能性を持っているためです。たとえば、すべてが順調にいっている人がいるとしましょう。この場合、どんなに高邁な理念をその人が掲げていても、人生の順調さは、容赦なく、その人を奢りや傲慢に陥れる危険性を持っているんです。だから、順調であればあるほど、人は自らを救うため、社会的な存在として、また理性を持つ存在として、何が正しいかを問うよう、稲盛さんは求めるんですね」。

「もっとも、皆さんのように若い人たちは、そんなこと言われてもピンと来ないはずです。若い時は、周りばかり気にしないで、全力で夢を追って、進んでいけばよいと思います。思いっきり突っ走ればいいと思います。ただ、壁にぶつかった時には、稲盛さんの言葉を思い起こしてほしいんです。そして自問してほしいんですね。『人間として何が正しいか』という自問は、きっと皆さん方を迷いの袋小路から救い出してくれる、と思いますよ」。

そして、稲盛氏の言葉を読みあげた。

「反省ある人生とは、毎日さまざまな判断をしていく中で、それが果たして人間として正しかったのかどうかを絶えず真剣に反省し、常に自分を戒めながら生きてゆくことです。つとめて冷静に謙虚に反省するのです」「もしも自分勝手で少しでも卑怯な振る舞いをしていることに気づいたら、『自分だけのことを考えるな』『正しいことを行う勇気を持て』と、自分に言い聞かせるのです」「たとえば、若い時に誰にも負けないような努力を重ねて自分を磨き、また事業を成功させた人でも、いつのまにかその成功におぼれ、横柄になり、『昔はあんな人ではなかったのに』と周囲の人から言われるようになってしまうことがよくあります」「いくら自分を高めることができたと思っても、常に謙虚になり、常に反省し、常に学ばなければ、元の木阿弥になってしまうというのが、残念ながら人間の本質なのです[15]」。

氏は、これを人間の本質と捉え、「ひたむきに努めながら、常にこれでいいのかということを考えるのです」「小さなことでも、毎日これでいいのかということを反省し、改良するのです[16]」と語り、日々の実践の必要性を訴えるのである。

二、伝統的社会哲学が批判の的とするもの

「さて、これで稲盛さんの言う『考え方』の意味はおおよそ分かったかと思います。そこで、

次に皆さんに考えてもらいたいのは、伝統的社会哲学がこの『考え方』を拒否せず受け入れるかどうかということです。何度も説明しましたが、伝統的社会哲学は、とにかくある特定の価値をよいものとして説くことを嫌います。そんな伝統的社会哲学ですが、これは『人間として何が正しいかを問う』という価値を受け入れるでしょうか」と尋ねてみた。

少し時間を置いたのち、ある生徒と目が合った。彼女は「しまった」という顔をしたが、発言を促してみた。

「よく分かりませんが、やっぱり、どんな内容でも、特定の価値を推奨すれば、受け入れられないんじゃないでしょうか」。

「そうですよね。誰でも、そう思いますよね。私も、最初はそう思いましたし、ずっとそう思い込んでいました。たとえば、十字軍の遠征では、平和や安寧を掲げていた宗教がもっとも残酷な蛮行に走りました。最近では、異常なテロ集団が宗教や神の名の下に、惨殺など非人道的な行為を繰り返しています。自分たちがやっていることを『聖なる戦い』などとうたっているだけに、特定の価値を強調する集団は始末に負えないんですね。だから、伝統的社会哲学は、特定の価値の提唱を避け、これを警戒するわけです」。

「ただ、私は、稲盛さんの著作を読み始めてから、伝統的社会哲学が批判したり、警戒したりする価値と、稲盛さんが唱える『よき考え方』とでは、その内容がまったく違う、と考えるようになったんです。言い換えれば、伝統的社会哲学は、あらゆる価値を警戒するわけじゃない、と理解するようになったんです。事実、伝統的社会哲学も、『よき価値』として、自由、平等、公正などを支持・推奨してきたじゃないですか」。

「このように理解すれば、次にやらなければならないのは、伝統的社会哲学はいったいどのような種類の価値を忌み嫌っているのか、ということになります。この点がはっきりすれば、稲盛哲学における『考え方』が受け入れられるかどうかも見えてくるはずです。私の答えは、こうです」と言って、話を続けた。

「伝統的社会哲学が拒否するのは、対立の図式をつくり、自らの立場や運動を正統化する価値群、ということです。過去に起こった宗教的対立、あるいは現在起こっている思想的対立には一つのパターンがあります。表現はさまざまですが、それは、一方を『正統』な教えとし、他方をあるいは残りすべてを『異端』の教えとして扱います。『異端』と呼ばれる対立概念を設け、それとの関係で自らを『正統』とするのは、正統側の結束力を強めるための措置と言ってもいいでしょう」。

「これに対し、稲盛さんが提唱する『考え方』とは、対立の図式を持ち込むものじゃありません。自らの正統性を強化しようとするものでもありませんむしろ、各自の独善を排すものであり、各自が暴走することを戒める思想になっています。たとえば、『宗教の名の下に、あるいは民族の名の下に殺戮を繰り返すことは、人間として正しいのか』『多様な考え方を最初から排除することは、人間として正しいのか』という問いを自らに立て、過ちを自身で正すことを求める知恵となっているわけです。その意味で、稲盛さんが唱える『よき考え方』とは、伝統的社会哲学が批判の対象としてきた価値とはまったく違っているんです」。

この説明に、生徒の間から「そうか」「なるほど」という声があがった。この合いの手に気分をよくした私はさらに続けた。

「実は、私は、伝統的社会哲学こそ、稲盛哲学に対し共感の意を表すべきだと考えています。

その理由は、伝統的社会哲学が価値に対して持っている態度と、稲盛哲学で言う『考え方』が非常によく似ているからです。つまり、伝統的社会哲学が特定の価値をよいものとして提唱しなかったのは、人々が独善に陥ってしまうことを恐れたからでした」。

「たとえば、有名な自由至上主義者に、フリードリヒ・ハイエク（1899〜1992年）という経済哲学者がいます。彼は、各自が考える価値には限界がある、だから、自身が支持する価値を他に強要してはならない、その謙虚さが各自に求められる、と説いたんです。お互いの考え方が違っていても、それを認め合うこと、許容し合うこと、これこそが求められる態度であるとしたんですね。つまり、各自に謙虚さの大切を理解してもらうため、自由至上主義（新自由主義）は、その方程式より『考え方』という変数を排除したわけです」。

「大切な点ですので、もう一度、繰り返します。自由至上主義は、また同様に、社会自由主義も、人々が独善に陥らないよう、また謙虚さを忘れないよう、特定の『考え方』の提唱を避けたんです。狙いは、あくまでも、独善を避け、謙虚さを保つことにあったんです。そして、伝統的社会哲学は、その狙いをあえて明示しなくても、誰もがこれを理解すると期待したわけです」。

「その結果、社会はどうなったでしょうか。皆さん、どう思いますか。伝統的社会哲学は、狙い通り、互いを認め合う謙虚な人々から成る社会をつくり出したと思いますか」と、生徒たちに尋ねてみた。

クラスの後ろの方に座っている生徒を指差し、発言を促した。すると「今、社会がどうなっているかはよく分かりませんが、互いを認め合う謙虚な人々が増えたなんて言えないと思います」と、感想を語ってくれた。

その隣に座っている生徒にも尋ねてみた。同じく、「昔は分かりませんが、自分勝手な人が多いような気がします」と発言した。

「発言、ありがとう。私も、謙虚な人が多い社会になったのかどうかは、正直、実態調査をしているわけじゃありませんので、分かりません。ただ、一つはっきりしていることは、皆さんが言ったように、世の中には『他人にとやかく言われる筋合いはない』『お前みたいな奴には言われたくない』『俺の人生だから、俺の勝手だ』などと言い返し、周りの助言や言葉に耳を傾けない人もたくさんいるということですね。伝統的社会哲学は、他に耳を傾ける謙虚さを忘れさせないため、価値の提唱を避けたわけですが、他方で人々が独善に陥ることを後押ししてしまったのかもしれません」。

「このように考えれば、そして伝統的社会哲学が今でも本来の狙いを放棄していないとすれば、伝統的社会哲学こそ、稲盛哲学で言う『よき考え方の実践』に共感の意を示す必要があるんじゃないでしょうか。私は、そう思っています」。

三、仕事の結果に関する方程式はどこでも通用するか

第二章と第三章において、伝統的社会哲学が想定する「方程式」を説明した時、私は「前提条件」も付け加えておいた。

自由至上主義においては、政府が、①国防や治安などに必要な最小限の税を徴収すること、②競争を阻害する要因を徹底して排除することなどをあげた。また社会自由主義においては、

政府が、①所得や富の違いに応じて異なる税率を課すこと、②労働機会や教育機会、生活保護などを提供すること、③立場の対等化を図るため、関係法令を整備することなどを列挙した。しかし、稲盛哲学で言う「仕事の結果に関する方程式」については、「前提条件」など何も付けなかった。

それは、稲盛氏が、市場における競争を問題視しているということでもないし、また国家や政府の役割を過少評価しているということでもない。氏は、それらの機能や役割を尊重しなければならない、と考えている。ただ、稲盛哲学にあっては、市場に委ねるか、政府に委ねるか、といった議論は末節の話となる。そう断言する理由は、氏が、一貫して、自身の置かれた状況をすでにあるものとして受けとめ、これをどのように活かすか、というところに力点を置くからである。

それゆえ、高校生たちには、あえて前提条件など付けず、「方程式」だけを見せ、「この方程式は説得力がありますか」「仕事の結果は、このような計算式でおおよそ説明できますか」と尋ねてみた。繰り返しになるが、その際、生徒たちには「熱意」と「能力」は、一～一〇の幅をもち、「考え方」だけはマイナス一〇～プラス一〇の幅をもつと説明した。

彼女たちの反応は「現実をうまく説明していると思います」「説得力があります」であった。ただ、肯定的な回答をもらっただけでは議論は深まらない。そこで、あえて私のビジネススクールでの講義体験を、生徒たちに話してみた。

「以前、関西にあるビジネススクールで、企業倫理という科目を担当していました。その授業で、私は、稲盛さんの『仕事の結果に関する方程式』を示し、学生たちがどう反応するか、試してみました。すると、留学生のAさんが手をあげ、『私の国では、こんな方程式はあてはまりません。方程式で言うなら、それは、運×カネとなります』と発言したんですね。これに触発され、同じ国から来ていたBさんも手をあげ、『いいや、それはむしろ、コネ×カネになります』と訂正しました。ここまではっきり言うのか、と耳を疑ったんですが、AさんもBさんも、実にまじめに意見を述べていました」。

広い視野で、方程式の問題を考えてもらいたいと考え、私は、生徒たちにアフリカのルワンダで起こった大虐殺の話もしてみた。

「アフリカ中部にルワンダという内陸国があります。ここを植民地として長く支配していたのがベルギーです。彼らは、統治にあたり、ルワンダ人を鼻の高さなど外見の違いから、ツチ族とフツ族に分け、ツチ族系住民を厚遇する政策をとりました。その方がルワンダ人をうまくコントロールできると考えたからです。ただ、その結果、フツ族系住民は、ツチ族系住民に対する不満を膨らませていきました。第二次大戦後、アフリカ諸国が独立する中で、ルワンダも一九六二年に独立しますが、独立後も、フツ族のツチ族に対する恨みやねたみは消えませんでした。そして、九四年四月、その不満が爆発し、大虐殺という惨劇が起こったんです」。

「過激なフツ族系住民が、わずか三ヶ月間で、ツチ族系住民と穏健なフツ族系住民を約八〇万人、斧などを使って惨殺しました。隣人であろうが、同僚であろうが、民族が違うというだけで、またツチ族系住民をかばおうとしただけで、同じフツ族系住民も多くの人が惨殺されたんです。方程式との関係で言えば、ツチ族系住民は、ツチ族という事実だけで、さらには暴挙に反対した穏健なフツ族系住民も『ツチ族に甘い』という理由だけで、皆、殺されてしまったんです」。

「惨殺された人々の多くは『よき考え方』の持ち主だったと思います。少なくとも、この暴挙に反対したフツ族系住民は『よき考え方』を実践しようとした良識ある市民でした。しかし、『よき考え方』は、彼らの命を救うことはありませんでした。むしろ、それが命取りとなったんです」。

「皆さんに考えてもらいたいんですが、留学生のAさんとBさんの母国では、仕事の結果は『コネ×カネ』で決まると言います。有力者などと縁があり、しかも有力者に賄賂を渡すことができれば、大きなビジネス・チャンスを手にすることができる、と言うんです。大虐殺のあったルワンダでは、少なくとも解放軍が来るまでの三ヶ月間は、自身と家族の命を守るには、ツチ族であることを隠すか、過激派フツ族グループに入るか、いずれかの選択肢しかなかったんです」。

「言い換えれば、こうした状況にあれば、またこうした国で生き抜くには、『よき考え方』の実践など、悠長なことは言っていられない、ということになります。そこで、改めて質問させてください。稲盛さんの言う『仕事の結果に関する方程式』について、皆さんは、どう思いますか」。

さすがにこの二つの話を聞いたあとの質問であったため、多くの生徒が「仕事の結果に関する方程式には、やっぱり、限界がある」「それが成り立つのは、結局、特殊な場合だけ」などと発言し始めた。

四、社会の実態と「望ましい社会のあり方」は異なる

「ただ、皆さんは、一度、『この方程式は現実をよく説明している』と答えたじゃありませんか。その発言を撤回するんですか。もし撤回するんだったら、どうして、さっきは『現実をよく説明している』と言ったんですか」と尋ねてみた。

これも難しい質問ではあったが、一人の生徒がゆっくり手をあげ、「おそらく、その時は、自分の周りの人たちを思い浮かべ、答えたからだと思います」と語った。

その隣に座っている生徒に尋ねても、やはり「たぶん、日本の生活を思い浮かべたからだと思います」と答えた。

「なるほど。皆さん、無意識のうちに、身近な人間関係を思い浮かべ、また日本社会をイメージし、そう答えたんですね。とすると、日本社会は、皆さんにとって、比較的生活しやすい社会ということになりますが、どうでしょう。もちろん、日本でも、社会に不満を持って生活している人はたくさんいると思います。でも、このクラスの皆さんは、だいたい満足している、ということですね」。

「話が逸れましたが、皆さんは『方程式には限界がある』『それが成り立つのは、特殊な場合だけ』などと言いましたが、もともと、方程式は、社会の実態を正確に説明するものなんかじゃないんです。すでに、『社会哲学とは、社会のあるべき論ですよ』と説明しました。『そうあってほしいと願う社会の姿』と言いました。ですから、稲盛哲学のエッセンスを示す方程式は、望ましい社会のあり方を示しているだけなんです」。

「もう一度言いますよ。『仕事の結果に関する方程式』は、社会の実態を正確に説明するものじゃありません。実態はそれぞれの社会において微妙に違っています。ただ、実態そのものでなくても、それは、依然として『社会の進むべき方向』を示すものであって、多くが賛同できる『望ましい社会の姿』と言えます」。

「どうして多くが賛同できるかと言えば、それは、運命を決めるうえで『コネ×カネ』や『血縁・民族』が決定的なファクターであってほしい、などと願う文化圏や地域など、世界のどこにもないからです。現実には、コネ×カネや血縁・民族で、仕事の結果や運命が決まる社会はあります。行為者の能力、熱意、考え方などは考慮されず、袖の下や血縁だけが重視される社会もあります。しかし、誰も、それが理想的な社会だと考える人はいません。無知のヴェールを持ち出さなくてもすぐに分かるでしょう。稲盛さんは、そう確信したからこそ、若い頃より、『仕事の結果に関する方程式』の意義をずっと説いてきたんです」。

こんな説明をしていたら、積極的に授業に参加していた生徒の一人が手をあげ、私に尋ねた。

「『無知のヴェールを持ち出さなくても分かる』と先生はおっしゃいましたが、私には、今ひとつ、分かりません。どうして、『コネ×カネ』や『血縁・民族』が大きく影響する社会は理想的じゃないんですか。その国の人や、その文化圏の人が、そうした社会をつくったんだから、その人たちには、これが理想的と言えるんじゃないんですか」。

五、望ましい社会が優勢となる理由

「実にいい質問ですね。自分たちでそうした社会をつくったんだから、現実にあるものは、その人たちにとって理想的と言えるんじゃないか、という指摘ですね。ただ、私はそれは違うと思っています。なぜでしょうか」。

「それは、簡単に言えば『皆でつくったもの』などと言えないからです。皆ではなく、ある利権を持った人たちが中心となり、自分たちに都合のよい特殊な社会をつくってきた、と言わなければならないからです。そもそも、『コネ×カネ』や『血縁・民族』が中心原理となって動く社会など、自由、正義、豊かさ、の三つ要件を満たすことはありません。逆に、それら要件から程遠い社会をつくってしまうはずです。いくつか具体例をあげておきましょう」。

「まず、賄賂を提供するだけの余裕のない人を考えてみてください。通常、社会の多数派は、そういう余裕のない人たちです。ですから、彼らは、絶対に『コネ×カネ』という方程式を支持しません。そう思いませんか」と言って、生徒たちの顔を見渡した。大半が「確かに」という顔をした。

「現在、中国では、一％の所帯（富裕層）が中国全体の財産の三分の一以上を保有し、逆に全所帯の四分の一を占める貧困層はその財産の一％しか保有していません。社会の格差状態を表す指標として、ジニ係数というものがあります。これは、０～１までの幅を持っており、格差が拡大するにつれて、１に近づくという指標です。比較的、格差が大きいと言われるアメリカ社会ですが、ジニ係数は０・39です。通常、０・40を超えると社会は一気に不安定になると言われますので、アメリカは寸前のところに来ているわけです。これに対し、中国ですが、ジニ係数はなんと０・73になっているんです。本来であれば、革命が起こってもおかしくない状況にあるんです。驚くべき数字でしょう」。

このクラスには格差問題に関心を持つ生徒が多いらしく、中国とジニ係数の話をしたら、突然、皆の眼差しが変わった。あとで分かったことだが、このクラスには「国際ＮＧＯで働きたい」との希望を持つ生徒が多数いた。

「皆さん、もしこの格差が各自の能力、熱意、考え方に基づくものであれば、格差はまだ許容できるかもしれませんが、北京大学の調査では、格差を生み出した最大の理由は、政治的要因であったと言っています。共産党幹部や国有企業関係者に賄賂（カネ）を提供し、緊密な関係（コネ）をつくった者が、あるいは党内・官僚組織内の立場（コネ）を利用し、賄賂（カネ）を受け取ってきた者が、それぞれ多くの所得や富を得てきたというんです」。

「考えてみてください。その恩恵にあずからなかった貧しい人々が『コネ×カネ』という方程式を支持すると思いますか。そんなことは絶対にありません。多数派の彼らは、むしろ、自分たちがその方程式の犠牲者であると考えるはずです」。

「もう一つおもしろいのは、『コネ×カネ』という方程式にしたがってこれまで、利益を得てきた者たちも、これがやがて通用しなくなることをよく心得ているということです。そう断言できるのは、彼らの多くが不正に稼いだ資金を国外に送金し続けているからです」。

「米国のワシントンDCにグローバル・フィナンシャル・インテグリティという調査機関があります。その機関の報告によれば、過去一〇年間（二〇〇二年～二〇一一年）で、海外への不正送金額が世界で一番大きかった国は中国だそうです。その金額、一一〇兆円と言います。日本の国家予算を大きく超える規模のお金が、中国国外に移されていたんですね。桁違いの金額に驚くばかりです」。

「つまり、『コネ×カネ』の方程式で、甘い汁を吸ってきた者、そして現在でも吸い続けている者も、実は、自国に資産を残しておくと足がつくと恐れ、また不正に得た利益が将来どこかの段階で没収されるかもしれないと警戒し、違法送金を続けているんですね」。

「現在、中国の国家主席は習近平さんですが、このまま、党内・官僚組織内の腐敗を放置すれば、共産党の将来はないと考え、徹底的に党幹部や腐敗官僚の摘発・処分を進めています。派閥闘争の手段として使われているとの指摘もありますが、『コネ×カネ』という方程式は、中国において、着実に成り立たなくなっているんです。それは、結局、誰もが『コネ×カネ』の方程式など望ましいと思っていないからです」。

ここまで説明したところで、質問した生徒も「納得」という顔をした。

「『血縁・民族』に関してですが、偏狭な民族は、確かに、敵対する民族を排斥・惨殺する社会を理想と考えるかもしれません。しかし、排斥・惨殺される側がこれを歓迎・支持することはありません。実は、排斥する側も、冷静に考えれば、敵対する民族を排斥・惨殺する社会が理想的でないことに、すぐに気づきます。他方を排斥する社会は、将来のどこかで必ず報復を受けるからです」。

「事実、ルワンダ国内の民族対立は、その後、コンゴ民主共和国東部地区をはじめとする隣国に飛び火し、現在では、複数国を巻き込む報復の連鎖を生み出しています。そして、その地域が世界でももっとも深刻な人権侵害と暴力に苦しんでいるんです。そこに住む人々は、依然として、異なる血筋、異なる民族に対し憎しみを持って生活しているかもしれませんが、その人たちでさえ、憎しみに溢れた毎日が理想的であるなどと考えることはありません」。

もう言いたいことは分かったであろう。稲盛哲学でいう「仕事の結果に関する方程式」が成り立たない社会や文化圏は存在する。しかし、そうした社会であっても、稲盛哲学でいう「方程式」が成り立たない社会の方が理想的だと考える者はいない。むしろ、そうした不正が蔓延する社会や国家こそ、あるいは民族が対立する地域こそ、それまでの「歪んだ方程式」ではなく、より「理想的な方程式」を求めるはずである。その意味で、私は、稲盛哲学で言う方程式が「いずれの社会にあっても通用する普遍性を備えている」と考えている。

以上を踏まえ、「よき考え方」は伝統的社会哲学より批判を受けるようなものではない、と結論したい。ただ「批判を受けない」という主張は、そのまま、稲盛哲学が強く支持されるという結論には直結しない。支持を得るためには、しかも東洋的伝統とは異なる文化圏において理解を得るには、どうしても、稲盛哲学における「正義の原理」がどのようなものになるのかを示す必要がある。

15 稲盛和夫『成功への情熱』ＰＨＰ、二〇〇七年、七四-七五頁。
16 稲盛和夫『心を高める、経営を伸ばす』ＰＨＰ、二〇〇四年、四二-四三頁。

第八章

稲盛哲学における「正義」とは

稲盛氏は、社会の配分構造がどうあるべきかについて、体系的な説明はしていない。たとえば、ロールズは、所得や富などが社会の中でどう配分されるべきかについて検討し、一定の方法論・手続きを用いて、正義の原理を導き出した。これに匹敵するだけの議論は稲盛哲学にはない。ただ、仕事の結果に関する方程式や理論的前提などを外挿すれば、氏が想定する正義の原理はおおよそ描き出すことができるはずだ。

難しいのは、どのような方法論・手続きを用いて原理を導き出すかということである。これに関し、私は、新たな手続きを持ち出す必要はないと考えている。すでにあるロールズの論法を援用すればよい、いや援用した方がよいと捉えている。稲盛哲学を伝統的社会哲学の影響下にある文化圏において理解してもらうには、その文化圏で馴染みの論法を用いた方が説得力を持つからである。当然、ロールズの論法も完璧ではない。しかし、稲盛哲学のうち、正義に関する部分だけに注目するのであれば、この方法論の援用で十分であろう。

一、稲盛哲学とロールズ正義論はどこが違うのか

「すでにロールズの正義論を見てきましたが、稲盛さんは、これに似た正義論を展開することはありませんでした。その必要もなかったからだと思いますが、ここでは、皆さんの力を借り、もし稲盛さんが、独自の正義の原理・原則を提唱するならば、どのようなものになるかを探ってみたいと思います。そんなことできるのか、と思うかもしれませんが、やってみましょう。厳密なものはできないでしょうが、おおよその形であれば、描けると思います。ですから皆さん、知恵を貸してください」。

このように説明し、生徒たちと一緒に、稲盛哲学の正義の原則を探ることとした。最初の作業は、ロールズとの共通項を確認することであった。

「正義の原則と言った場合、それは、通常、『配分に関する正義の原理』となりますので、出発点として、『各自の才能や資質の配分』について、稲盛さんがどのように考えているかを見ておきましょう」。

「皆さん、覚えていますか。ロールズは、各自の才能や資質を『偶然の産物』として捉えていましたね。だから、才能や資質より派生する成果は、社会の中で公正に分けるべきとしたわけです。では、稲盛さんは、どう考えているんでしょうか。稲盛さんの言葉を読みあげますので、あとで感想を述べてください」と前置きし、著書の一節を読みあげた。

「私は、特定の才能を持った人間が一定の割合で生まれてくるのだと考えています。芸術の才能を持って生まれてくる人もいれば、スポーツの才能を持っている人もいます」「もし自分がたまたまそういう才能を持っていたとしても、その才能は世界のため、社会のため、そして集団のために使うべきなのであり、決して自分だけのために使うべきではないのです。たとえば、リーダーシップという才能を持って生まれた人は、リーダーとしての義務を果たさなければなりません。才能を与えられているからといって、決して傲岸不遜《ごうがんふそん》になってはならないのです[17]」。

「どうですか」と質問すると、生徒たちは「才能は、社会の中で、ある程度、偶然に与えられる」「ある特定の人に、たまたま才能が降りてくる」「ロールズの考えと同じ」などと感想を述べてくれた。

「その通りですね。私もそう思いました。だから、稲盛さんは、偶然の恩恵に浴した者は、これを自分のためだけではなく、社会のためにも活かさなければならない、と言っているんですね」。

この共通部分を確認したうえで、次に私は両者の間にある違いに目を向けた。

「ただ、共通項はあっても、両者の間には乗り越え難いほどの大きな違いもあります。皆さん、話が難しくなるので、しっかり、聞いておいてくださいよ。最大の違いですが、それは、正義の原理・原則を導き出そうとする人の『事前知識』の中にあります。原理・原則を導き出そうとする人のことを『構想者』と言いましたが、その構想者が事前に持っている知識が違うんです」。

「すでに説明しましたが、ロールズは、無知のヴェールを被った構想者をイメージし、その者の視点から正義の原理を探っていきました。その際、ヴェールの背後に置かれた構想者は、他人との違いに関する情報をすべて遮断されました。これは、皆さんには話しませんでしたが、ここにいう『情報遮断』とは、何もかも分からなくなる、という意味ではないんです」。

「ロールズの理論では、無知のヴェールの背後にあっても、その人は、依然としてある一つのことだけは、了解している、ということになっています。これを、私は、とりあえず『事前知識』と呼んでおきます。さて、この事前知識ですが、皆さん、これはいったいどのようなものか想像できますか」と振ってみた。

難しい質問であることを承知のうえで、一度、生徒たちに考えてもらった。そのうえで、話を続けた。

「それは、『自分の所得や富は多ければ多いほどよい、自分の権限は大きければ大きいほどよい』という事前知識だったんです。つまり、ロールズは、そのような心理的傾向を持った人を想定し、その人が正義の原理を探ると、どのような原理に行き着くかを考えたわけです。ストレートに言いましょう。無制限に所得や富を追求するバラバラの個人を想定し、その個人の視点より、正義の原理を探ったわけです」。

「さて、ロールズが想定する構想者の『事前知識』は分かりました。では、稲盛哲学の場合、どのような『事前知識』を念頭において、正義の原理を探ったらよいのでしょうか。両者の最大の違いは構想者の『事前知識』にあると言いましたが、もし稲盛さんが正義の原理を探るとすれば、どのような人を想定し、これを行うのでしょうか」。

すでに稲盛哲学では、社会の構成単位は「関係の中にある人」であると説明した。したがって、この前提を踏まえれば、構想者は「できるだけ、人間関係を充実させたい」「人間関係が毀損するのを避けたい」と考えるはずである。この理論的前提を踏まえれば、構想者の事前知識は見えてくる。そのように理解し、生徒たちに次の話をした。

「稲盛哲学における構想者は、まず生活の糧を増やすことに強い関心を持つはずです。通常の人間であれば、誰でも生活の糧を手にしたいと考えます。ただし、ここでの構想者は、それを無制限・無計画に追求しないでしょう。無制限・無計画の追求は、他人との関係を損ないかねないからです。また、その構想者は、獲得した富などを他人や社会と共有することも考えるでしょう。そうすることで、人間関係がより良いものになると思われる場合には、共有するはずです。社会の構成単位を『人と人の関係』として捉える哲学であれば、当然、こうなるんじゃないでしょうか」と、生徒たちに尋ねてみた。

幸いなことに、この部分（事前知識）に関し、反対する生徒は誰もいなかった。

以上をまとめれば、稲盛哲学における構想者は「生活の糧は多いほどよいかもしれないが、他人との関係も考慮し、その取得・活用を考えるのが合理的である」といった「事前知識」を持つことになる。これがロールズ正義論との決定的な違いである。

二、無知のヴェールの背後にある高校生たち

次にやるべきことは、この「事前知識」を持った構想者を無知のヴェールの背後に置くことである。ただ、ここにいう構想者とは、現実に存在する者ではない。頭の中で想像した人物にすぎない。このため、構想者の視点より正義の原理を導出するのは決してやさしいことではない。都合のよい構想者を勝手に想定すれば、それは恣意的な原理・原則の導出となってしまう

からである。ただ、もしこの仮説に近い構想者が実在するとすれば、どうであろうか。その場合には、構想者に直接質問することで、より中立的に原理・原則を導出することができるはずである。

そんなことを考えていた時、私は、突然、あることに気づいた。それは、目の前に座っている女子高生たちが、稲盛哲学で想定される構想者の条件にぴたり一致する、ということであった。

第四章において「狩猟で生計をたてる村のケース」を取りあげたが、その時、彼女たちは、間違いなく自己利益を追求していた。つまり、「生活の糧は多いほどよい」との事前知識を持って発言していた。問題は「他人との関係も考慮し、その取得・活用を考えるのが合理的」という「事前知識」であるが、彼女たちはこの条件も十分に満たすと考えられた。根拠は次の通りである。

まず、高校生は、一般に、人間関係、とくに友達との関係で悩み、苦しむものである。生活の場が教室や部活などに限られるため、そこで人間関係が壊れれば、それ以降、学校生活は息苦しいものとなってしまう。とくに、目の前にいる女子生徒たちは、特別コースに所属しており、卒業までずっと一緒に学ばなければならない仲間であった。それだけに、彼女たちは、通常の高校生よりも、さらに強く人間関係を意識する生徒であった。その意味で、彼女たちは理想的な構想者だったのである。

ただし、彼女たちの視点より正義の原理を導き出すには、もう一つ高いハードルをクリアしなければならない。それは、彼女たちが「社会における自分の立ち位置を知らない」という情報遮断の条件を満たし得るかという点である。

無知のヴェールの背後に置かれると、人は自身が社会のどこにいるか分からなくなるわけだが、逆を言えば、自身のこれからの位置が分からなければ、その者はすでに無知のヴェールを被っているということになる。この教室の生徒たちはどうか。

彼女たちは、これから社会に出ていく未成年者である。一〇年後、二〇年後、社会でどのような立場にたつか、どのような職業に就くか、彼女たち自身もまだ分かっていない。生徒の多くは、ＪＡＬへの就職を希望していたが、同時に国際ＮＧＯへの就職も希望していた。営利企業と非営利団体の双方を将来の仕事としてあげるくらいだから、彼女たちはすでに「無知のヴェール」を被っていたわけだ。このように考え、私は、彼女たちが最後のハードルもクリアすると判断した。

ただし、私のこうした解釈は生徒たちには伝えなかった。彼女たちが「理想的な構想者」であることを伝えれば、彼女たちは途端に理想的な構想者として発言しなくなる可能性があったからである。「皆さんたちこそ、無知のヴェールを被った構想者なんですよ」などと言えば、このあと、私が質問する事項に関し、彼女たちは必要以上に強く「事前知識」を意識するようになる、と思われたからである。

そうなってしまえば、彼女たちが導き出す「正義の原理」は、本来、出てくるはずであった「正義の原理」とは違ったものになってしまおう。だから、私は、彼女たちに、一般論として、ロールズ正義論における構想者の事前知識と、稲盛哲学における構想者の事前知識が異なるという点だけを伝えておいた。

仕事の結果 ＝ 考え方 × 熱意 × 能力

三、高校生はどのような正義の原理を導き出すか

では、彼女たちは、実際に、どのような正義の原理を導き出したのか。ここからが重要だ。私は、その作業を次の問いより始めた。

「稲盛さんの『仕事の結果に関する方程式』をもう一度思い起こしてください。これは、単純に言えば、どうすればより多くの生活の糧を得ることができるか、を示す計算式でした。よき考え方を持って真剣（熱意）に努力すれば、たとえ能力は劣っていたとしても、その人はより多くの生活の糧を手にすることができる、というものでした」。

「これを踏まえ、皆さんに聞きたいのですが、ある人がよき考え方を具体的に実践すると、自分自身の所得や富に対してだけでなく、他の人の所得や富に対しても影響を与えると思いますか」。

この問いに対し、一人の生徒が「与えると思います」と答えてくれた。

「どうして影響を与えると思うんですか」と尋ねると、「だって、何が人間として正しいか、何が企業として正しいか、などを自問するわけですから、そこから出てくる行動が、他の人に影響を与えないわけはないと思います」と話してくれた。

「確かにそうですね。他人との関係や社会との関係を考えて行動するわけですから、相手に影響が及ばないわけはありませんね。ただ、もう一度確認ですが、私がここで尋ねたいのは、他の人への影響全般ではなく、他の人の『生活の糧』に影響するか、つまり、所得や富を増やしたり、減らしたりするか、ということです」。

このように念を押したうえで、再度、尋ねてみると、生徒たちは、やはり「影響する」と答えてくれた。

「なるほど。それでは、他の人の『生活の糧』に影響を及ぼす行為として、具体的にどのようなものがありますか。例をあげてくれませんか」「とくに、よき考え方を実践する人は、どのように行動し、他人に影響を及ぼすと思いますか」と問いかけた。

高校生には、少々難しい質問ではあったが、時間をかけ、最終的に三つの行為をあげることができた。それは、次の通りである。

①たくさんの所得や富を手にすれば、その人は、これをコミュニティや社会のために役立てる

②企業内の重要な立場にたつと、その人は法外な報酬を取ることに抵抗を覚え、自身の取り分を自制するようになる

③脱税などはしない

「いずれも分かりやすく、核心をついた行為ばかりですね。皆に出してもらった行為ですが、これらは二つのグループに分けられます」と言って、私は、積極的行為と消極的行為の二つを板書し、そこに①②③の行為を振り分けた。もちろん、他に影響を与える行為は、彼女たちがあげた三つの行為に限定されない。このため、積極的行為と消極的行為のそれぞれに、「その他の積極的行為を行うこと」と「その他違法・脱法行為に関与しないこと」という項目を書き

所得や富に影響を与える具体的行為

1）積極的行為
　① 自らの努力の結果を広く社会に還元すること
　② 自身の取り分を自制すること
　　その他の積極的行為を行うこと

2）消極的行為
　③ 脱税などの脱法的行為に加担しないこと
　　その他違法・脱法行為に関与しないこと

加えておいた。

四、積極的行為に関する原理はどうなるか

生徒たちに、まずこの分類を見てもらった。そのうえで、積極的行為に関して、彼女たちに「(a) 結果を社会に還元することや、自身の取り分を自制することは、皆が等しくやらなければならないことなんでしょうか」と尋ねてみた。

ここでも少し時間はかかったが、この問いに、彼女たちは次のような意見を述べてくれた。

「あまり収入のない人には、それは難しいと思います」。
「社会の上にいる人がすすんでやるべきことと思います」。
「社会の恩恵に浴している人が、率先してやることだと思い

ます」。

「まずは身近なところから実践すべきだと思います」。

「無理をして能力以上のことをやる必要はないと思います」。

「無理をすれば、家族など他の関係者に迷惑をかけてしまうかもしれません」。

「能力の範囲内であっても、善意に基づく寄付などであれば、よい関係を築けると思います」。


これらの意見は、結局、「比例差別的かつ自主的な取り組みが望ましい」というものに集約されよう。「比例差別的」とは、多くの所得や富を得ている人ほど、その大きさに比例して、他人やコミュニティへの影響を考え、主体的に責任ある行動をとる、という意味である。

私は、生徒たちのこうした意見を聞き、「なるほど」と声を返した。そして、このように考える理由を、彼女たちに自覚してもらうため、あえて「（b）結果の社会還元、取り分の自制などは、受ける側が権利として要求すべきことなんでしょうか」と尋ねてみた。

即答は得られなかったが、少し間を置いたのち、最前列の生徒が手をあげ、「それは、受ける側が権利として要求するものじゃないと思います」と発言した。

「どうして、そう思うんですか」と尋ねると、彼女は「権利として要求されると、社会貢献する側も、気分を害してしまうからです」と言った。

その後ろに座っていた生徒にも尋ねてみた。すると、その子も「助ける人、助けられる人、ともに気持ちよく、それができれば一番だけど、権利として要求されると、お互い、嫌な思いをしてしまう」と、似たような発言をした。

これらの答えから、「比例差別的かつ自主的な取り組みでよい」とした彼女らの理由がはっきりした。それは、人間関係をよい状態に保つこと、その関係をよりよいものに発展させること、というものであった。当初、予想していた通りの「事前知識」（関係を重視する傾向）を持って、彼女たちは配分的正義の問題を考えていたわけである。

「今、『社会の上にいる人ほど、あるいは恩恵に浴している人ほど、社会に貢献すべき』という考え方と、『結果の社会還元、取り分の自制は、受益者側が権利として要求することではない』という考え方が出てきましたが、この二つをまとめ、『積極的行為に関する正義の原理』

と呼んでおきましょう」。

「ところで、稲盛哲学は、この原理を支持する、と思いますか。断定はできませんが、私は、支持するんじゃないかと思っています。それは、稲盛さん自身が、各自の立場に応じた段階的な取り組みを推奨しているからです。たとえば、稲盛さんは、世のため、人のために、大企業の経営者ができることと、中小企業の経営者ができることは違う、という立場をとっています。ですから、中小企業の経営者には、五人でも十人でも、従業員を雇い、家族も含めてしっかり養っていくこと、それが世のため人のためになる、と説いているんですね[18]」。

もちろん、氏は、他人に社会への貢献を求めるだけでなく、自らもその立場にふさわしい取り組みを続けている。若い頃は、中小企業の経営者に求めたように、人を雇い、雇用し続けることを積極的行為の柱に据えて励んでいた。事業を軌道に乗せれば、今度は、個社の利益を超え、国家全体の利益まで考慮するようになっていった。電気通信事業などの異業種分野への積極果敢なチャレンジがその典型である。

また、世のため、人のために尽くすという信念を貫徹するため、氏は、のちに私財を投じ、稲盛財団や京都賞を創設し、自らの努力の結果をより継続的・体系的・包括的に社会還元するようになっていった。[19]さらに言えば、氏は、歳を重ね、事業を続け、「働くこと」の意味が「社会への奉仕や貢献」にあるとの思いを強くしていった。それは次の言葉にはっきりと表れている。

「私は、もっと働こうと考えています。それは、愛や善を施すことが、人としての最高の生き方だという、私の信念があるからです」「世の中には、貧しい人、障害を背負って苦しい人生を懸命に歩んでおられる方がいます。また、今この瞬間でも世界各地には、飢えに苦しみ、死に瀕して、救いを求めている子供たちがいます。そのような人々を間接的にでも、私たちの汗の結晶で助けてあげられるのですから、働くということは本当に素晴らしいことだと思います[20]」。

以上より、生徒たちが導き出した「積極的行為に関する正義の原理」を、稲盛哲学における「正義の原理」の一つと見なすことにしたい。

五、消極的行為に関する原理はどうなるか

では、消極的行為についてはどうか。生徒たちに質問した。

「(a) 脱税などの脱法的行為への加担は慎まなければいけませんね。そのことは、誰もが分かっていると思いますが、こうした行為への加担については、とくに誰が意識して慎むよう、努力しなければいけないんでしょうか」。

これに対し、彼女たちは「やっぱり、社会の上の人ほど、より多くの注意を払うべきだと思います」と答えた。

理由は「上の人ほど、ついつい、誘惑にかられるため」「そうした人ほど、悪いことをすれば、社会に大きな影響を及ぼすため」であった。

この答えに「皆、よく社会を見てるね」と言って、私は敬意を表した。そして、さらにしつ

こく「(b)では、脱法的行為の防止などは、社会の上にいる人、あるいは利益をあげている企業だけが取り組めばよいことなんでしょうか」と尋ねてみた。

これには、複数の生徒が「それは、誰もが取り組むべきものと思います」と答えてくれた。「そんなこと、基本中の基本だから」「そこで生活する限り、常識だから」「コミュニティのメンバーとして当然やるべき務めだから」「それができなければ、社会の中で受け入れてもらえないから」などが理由であった。彼女たちは、ここでも「人と人の関係や社会との関係」といった視点で、自身の考えを表明した。

「先ほど『積極的行為に関する正義の原理』を定義しましたが、同様に『消極的行為に関する正義の原理』もここで定義しておきましょう。今、皆さんは『社会の上にいる人ほど、あるいは利益をあげている企業ほど、違法・脱法などに走らぬよう、一層の注意を払うべき』と言いました。そして『違法・脱法行為には、誰もが関与してはならない』と言いました。この二つの主張をまとめ、『消極的行為に関する正義の原理』と呼ぶことにしましょう」。

では、稲盛哲学は、この二番目の原理も支持するのであろうか。おそらく、それは、稲盛哲学の方程式に矛盾なく収まるはずである。[21]

「今、仮にある企業が、自由至上主義で想定するところの『熱意×能力』にしたがって行動しているとしましょうか。言うまでもありませんが、自由至上主義においても、法令に違反することは許されません。ただ、自由至上主義の下では、租税回避の手法を考案し、合法的に納税額を減らすことは『能力』の発揮として捉えられ、関係者の間では賢明なやり方として賞賛されることもあります。徹底的に知恵を絞り、既存法令の網の目を潜り抜けることは、『熱意×能力』の実践と見なされるわけです」。

「ただ、皆さんは、租税回避をどう思いますか。少し難しい言葉ですので、説明しますと、租税回避とは、事業活動をやっている国の税率が高い場合、そこでは税金を納めず、税率の低い別の国で利益が出たように調整・工夫し、世界全体で納める税額を小さくする行為を言います。これは、即、違法というわけではありませんが、企業がそうした行動に走ることを、そうしたことに知恵を絞ることについて、皆さんはどう思いますか」と尋ねてみた。

すると、多くの生徒が「そんなことすべきじゃないと思います」と答えてくれた。

「どうしてですか」と問い返すと、「卑怯な感じ」「税率が高くても、そこで仕事をしてるんなら、そこで納めるのが常識」「普通は、モノを売ったところで、税金を納めるんじゃないんですか」「関係のないところで税金を払うようごまかすなんて、最低」などの声があがった。

「ありがとう。皆さんの意見に感動しますね」と言った。この時も、生徒たちには言わなかったが、彼女たちは、間違いなく、稲盛哲学が想定する『事前知識』（税金を納めるべき社会との関係）を持って、この租税回避問題を考えていた。生徒たちは、「無知のヴェールを被った理想的な構想者」として意見を述べていたわけだ。

「皆さんは、スターバックス、アマゾン、グーグル、アップルなどの企業を知っていますね。いずれも世界でビジネスを行う巨大企業です。こんな超有名企業が、長い間、今、話したような租税回避の手法を駆使し、世界全体で支払う納税額を小さくしようと行動してきたんですよ。彼らには、悪いことをやっているという感覚はなかったかもしれません。おそらく、ゲーム感覚でやっていたんじゃないでしょうか。世界のどこで税金を納めることにすれば、あるいはどこで納めないことにすれば、グループとして納税額を減らすことができるか、幾度もシミュレートし、最適行動をとろうとしてきたんですね」。

「そんなひどい会社だったんだ」「イメージとぜんぜん違う」「会社として、せこすぎる」と、率直な声がつぎつぎとあがった。

「皆さん、自由至上主義の発想だけに染まれば、企業やそこで働く人たちは、このように考え行動するようになるんです。それがもっとも大きな利益を生み出すから、合理的と考えるんですね。しかし、皆さんは、これを合理的とは考えませんでした。皆さんは、むしろ、その地域や国で受けた恩恵に応じて、正直にその国の制度や法律にしたがい、税金を納めるべきだ、と言いました」。

「細かく言えば、その地の消費者や取引先が製品を買ってくれたことで、企業は利益をあげるわけですから、またその地で労働の機会や活動の場を得たことで、企業やそこで働く人が所得を手にするわけですから、企業や人は、それぞれの恩恵に応じて納税すべき、と考えたわけですね。それが企業として、また人として正しい、と皆さんは考えたんですね。実に素晴らしいです」。

もっとも、世界の主要国は、多国籍企業のこうした行動をそのまま放置できないとして、ＯＥＣＤ（経済協力開発機構）を中心に租税回避行動を取り締まるための新たな枠組み作りを進めている。ただ、その議論は、いかに徴税するかという国家間の連携や政策調整に向けられており、稲盛哲学のように、企業側の納税姿勢そのものを正そうとするものではない。

さて、以上の議論を整理すれば、稲盛哲学における「正義の原理」は、おおよそ次の二つにまとめられる。大雑把ではあるが、「人と人の関係」「関係の中にある人」などを重視する者が正義の原理を模索すれば、ここに行き着くのである。

（1）積極的行為に関する原理

（a）社会の上にいる人ほど、あるいは恩恵に浴している人ほど、社会に役立つ積極的行為に努めるべき

（b）結果の社会還元、取り分の自制などの積極的行為は、基本的に受益者側が権利として要求することではない

（2）消極的行為に関する原理

（a）社会の上にいる人ほど、あるいは利益をあげている企業ほど、違法・脱法などに走らぬよう、一層の注意を払うべき

（b）違法・脱法行為には、誰もが関与してはならない

すでに第五章で、現代社会の問題として、①所得の格差、②治安の悪化と地域社会の荒廃、③濫訴社会という三つの問題に触れたが、関係重視の二つの原理は、こうした問題の解決に役立つのであろうか。もし解決に資するものであるとすれば、それは、少なくとも「配分的正義の問題」に関し、伝統的社会哲学を補うものとなり得るはずである。

「皆さん、今、積極的行為と消極的行為に関する正義の原理を導き出しましたが、この原理は、現代社会の問題を解決するのに役立つと思いますか」「すでに現代社会には、所得の格差、治安の悪化と地域社会の荒廃、濫訴社会化といった問題がありますよ、と言いましたが、稲盛哲学の『正義の原理』はこうした問題の解決に資すると思いますか」と尋ねてみた。

板書したこともあり、生徒たちは感じるところを、また思うところを、黒板を見ながら自由

に発言していった。その声を列挙しておこう。

「そもそも、人と人の関係を重視する原理ですから、行き過ぎた格差は是正されると思います」。

「社会の上にいる人ほど、自身の取り分を抑えるべきと考えますから、格差の問題は自ずと緩和されると思います」。

「格差が小さくなれば、人間関係が改善されるので、治安もよくなると思います」。

「中間層の人たちが増えれば、顔の見える社会にもなると思います」。

「お互いの顔が見える社会になれば、司法の場で争うこともきっと少なくなると思います」。

本章では、ロールズの論法を援用し、稲盛哲学が想定するであろう「正義の原理」を導き出した。これは、氏自身による説明ではない。女子生徒が氏と同じ理論的前提に立って構想すれば、このような原理に行き着くことを説明したにすぎない。またこれら原理が、現代社会の問題の解決に資する可能性を、彼女たちの言葉を介して示唆したにすぎない。ただ、高校生なりの理解や解釈であっても、私は、これらは一定の説得力を持っていると感じている。稲盛氏の発言がこれと大きく矛盾しないからである。

本章における試みに、疑問を持つ読者、納得しない読者もいるかもしれないが、仮にこれが説得力を持つとしよう。すると、ここに、もう一つ、別の疑問が湧いてくる。それは、稲盛哲学を巡る論理矛盾とも言える疑問である。もともと、「仕事の結果に関する方程式」は、よき考え方の実践者がより多くの「生活の糧」を手にすると説明していた。しかし、成果を社会に還元すること、取り分を自制することが原理として唱えられると、今度は、一人ひとりが受けとる「生活の糧」は減少することになる。

正義に関する二つの原理は、社会の配分構造に影響を与えるかもしれないが、実践者にはマイナスの方向に働く可能性があるわけだ。続く最終章において、この論理矛盾を整理しておかなければならない。同時に、稲盛哲学が人生における偶然の出来事をどう捉えるのかをも見ておく必要があろう。偶然の問題は、論理矛盾を解く鍵であり、かつ「豊かな社会と人生」というテーマに深く関わってくるからである。

17 稲盛和夫『成功への情熱』ＰＨＰ、二〇〇七年、一八五頁。
18 稲盛和夫「私の幸福論」『機関誌 盛和塾』盛和塾、通巻一二五号、二〇一四年二月号、二六頁。
19 稲盛和夫『稲盛和夫のガキの自叙伝』日本経済新聞出版社、二〇〇四年、一七五-一八二頁。
20 稲盛和夫『心を高める、経営を伸ばす』ＰＨＰ、二〇〇四年、四四-四五頁。
21 稲盛和夫『稲盛和夫の実学 経営と会計』日本経済新聞社、二〇〇〇年、一五一-一五二頁。

第九章

稲盛哲学における「豊かさ」とは

稲盛哲学は、一方でよき考え方の実践が、より多くの「生活の糧」（仕事の結果）を実践者にもたらすとしながら、他方で実践者に結果の社会還元や取り分の自制などを要請する。これが「配分的正義の原理」であるとすれば、稲盛哲学の方程式に論理上の矛盾が生じてくる。よき考え方の実践が、他の人の所得や富の増加をもたらしながらも、実践者自身の所得や富を減らす方向に働くからである。この矛盾を解くことから、最終章を始めよう。

一、仕事の結果と人生の結果は同じか

伝統的社会哲学は、各自の努力が、数年間など、比較的短い期間の中で清算される、としていた。また仮に短い期間で、それが清算・調整されなければ、制度や社会に問題があるとして、それを正すための権利行使を認めていた。これが第三の理論的前提であった。

この前提は「短い期間での清算」と「権利の行使」という二つの部分から成るが、「短い期間での清算」という部分については、稲盛哲学がこれを否定することはなかろう。「仕事の結果に関する方程式」を支持する人の多くが、よき考え方の実践は短い期間でも清算される、と

人生・仕事の結果 ＝ 考え方 × 熱意 × 能力

解しているからである。

ただし、よき考え方の実践は、短期間で清算されない場合がある。それゆえ、稲盛哲学は、より長いタイム・スパンで、たとえば、数十年という期間で、物事を考え行動する必要もあわせ説く。たとえ短期で清算されなくても、他を責めず、単純な権利行使に走らず、誠実に努力を続ければ、将来のどこかで報われ、清算される、としているのである。

これを確認するため、生徒たちに例の方程式の右辺だけを見せ、次のような説明を加えた。

「この方程式の左辺のタイトルですが、実を言えば、仕事の結果ではなく、『人生・仕事の結果』だったんです。私がこれを単純化して、仕事の結果に関する方程式として、皆さんに紹介しただけなんです。そこで、本来の『人生・仕事の結果に関する方程式』という名称に戻して考えてみましょう」。

「皆さんは、人生・仕事の結果と併記した時、この人生と仕事は、どのような関係にあると考えますか」と尋ねてみた。

すると、ある生徒が「人生と仕事は同じという意味でしょうか」と発言。

続いて、別の生徒が「仕事がうまくいけば、人生もうまくいく、ということでしょうか」と感想を述べた。

そのあと、一番前に座っていた生徒が「仕事と人生が同じ結果になるということでしょうか。だとすると、変な感じがします」と発言した。

私が注目したのは、この三番目の生徒の発言であった。

「確かに、皆さんが言うように、いろいろな意味がありそうですね。ただ、私は『結果』という言葉に注意しなければいけないと思っています。今、『結果が同じだと、変な感じがする』という発言がありましたが、人生と仕事の結果が完全に一致するとすれば、これは少しおかしいでしょう」。

「多くの部分は重なりますが、両者はイコールの関係にはないと思います。完全に一致しないからこそ、稲盛さんは、漏れがないように、あえて『人生・仕事の結果』と併記し、しかも人生の結果を仕事の結果の前に置いたんじゃないでしょうか」。

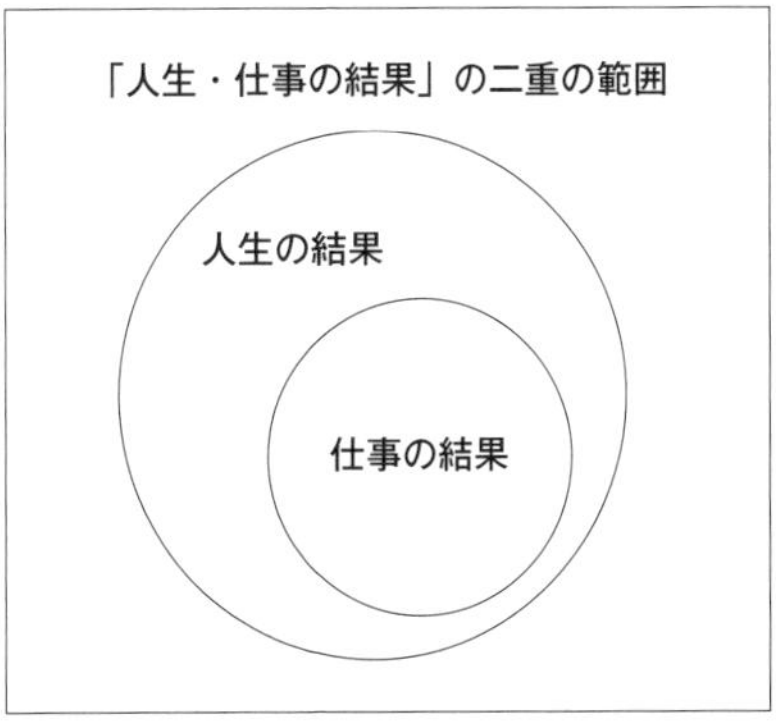

「仕事の結果として清算されなかったものは、人生の結果として、いつか清算される。稲盛さんは、強くそう信じ、仕事の結果まで含む広い概念として『人生の結果』という言葉を、方程式に付け加えたんだと思います」。

こう説明した上で、図表のような二つの円を黒板に描いた。既述のように、仕事の結果には、所得、富、信頼、賞賛、尊敬などの生活の糧が含まれる。これらの結果は、場合によっては、数年で清算されないかもしれない。たとえそうだとしても、自暴自棄に陥らず、辛抱強く努力を続ければ、将来、どこかの時点で報われる。外側の広い円の中で清算されるということだ。これを「二重の範囲」と呼びたい。

さて、結果の意味をこのように整理すれば、冒頭に触れた論理矛盾はとりあえず解消されよう。つまり、結果の社会還元や取り分の自制は、短期的には生活の糧を減少させるかもしれないが、長い目で見れば、その増加をもたらす、と説明されるのである。

生徒たちは、この二重の円を見て、うなずいた。しかし、「皆さんに注意してもらいたいのですが、これはあくまでも『とりあえずの説明』です。稲盛哲学をより深く理解するには、さらに一段と高いところの問題に踏み込んで考える必要があります」と付言した。

そして「ただ、いっぺんにそこへ行くのは難しいと思いますので、まずは、今、説明しました『人生・仕事の結果』に関する二重の範囲を覚えておいてください」と語り、話を一旦ここで締めた。

二、社会を豊かにする二つの根拠とは

「ところで、皆さん、覚えていますか。社会哲学の最後のテーマは『豊かさ』の実現でした。ですから、私たちは、稲盛哲学が果たして『豊かさ』をもたらすのか、あるいは豊かな社会を実現するのか、ということを考えておく必要があります」。

このように前置きしたうえで、生徒たちに結論を先に伝えた。

「結論から言えば、私は『豊かさ』をもたらすと思っているんですが、その根拠は二つです。第一に、たとえ能力は劣っていても、熱意とよき考え方を持って努力すれば、いつか報われるとの説明は、多くの人に生きる勇気を与えてくれるからです。世の中、自分には傑出した能力や才能はないと思い込む人が大半です。このため、能力中心で仕事の結果が決まるとする社会は、特定の人のモチベーションしか高めることができません」。

「これに対し、稲盛哲学は、能力ではなく『考え方』が人生を決める、どのような人であろう

と、よき考え方を持って仕事に臨めば、日々を大切に生きれば、道は開ける、と説きます。この言葉は、人々の仕事と人生に対する姿勢を変え、各自のモチベーションを大きく高めてくれます。能力は簡単には向上しませんが、『考え方』はどうでしょう。誰でもその気になれば、容易に改めることができるんじゃないでしょうか」。

生徒たちは「なるほど」と首を縦に振った。そこで「皆さん、モチベーションの高い労働力とモチベーションの低い労働力。どちらが社会を豊かにすると思いますか」と尋ねてみた。

答えは火を見るよりも明らかであったが、とりあえず、手をあげてもらった。皆、モチベーションの高い労働力の方が社会を豊かにする、と答えてくれた。つまり、彼女たちは、稲盛哲学が社会を豊かにする力を持っているとしたのである。

「ありがとう。誰でもそう思いますよね。これで第一の根拠は分かったと思いますが、問題は、もう一つの根拠です。少し分かりにくいかと思いますので、皆さん、ある企業を思い浮かべてみてください。またそこで働く経営者や従業員を想像してみてください。この会社は、人権の尊重、労働の安全、環境の保護などを無視して仕事をやっていると仮定します。人権の尊重、労働の安全、環境の保護などと言いましたが、これは、企業が法的に守らなければならない責任であり、かつ社会的にも実践が求められる責任です」。

「今、ある社会の中に、こうした責任を軽視する会社が無数あるとします。また大多数の経営者や管理職が法的・社会的責任など気にとめず、目先の利益だけを追求しているとします。そんな会社では、安い賃金で一〇歳から一五歳くらいの子供を集め、危険な職場で仕事をやらせるかもしれません。大人をだまし、借金を作らせ、労働を強制するかもしれません。環境規制を無視し、危険な化学物質を近隣河川に垂れ流すかもしれません。そんなことをやっている企業がたくさんある社会を想像してみてください。皆さん、こうした行動を許す社会が豊かになると思いますか」と尋ねた。

難しい質問だったのか、声はなかなかあがらなかった。そこで、前から順番に尋ねていった。ほとんどの生徒は「豊かにならない」と答えたが、ある一人の生徒が手をあげ、「でも、経済的には豊かになるかもしれません」と発言した。

私は、心の中で「待ってました」と歓迎した。「実に鋭い指摘ですね。経済的な豊かさと言いましたが、そこをもう少し説明してくれませんか」と、彼女に尋ねた。

「たとえば、公害問題などがあっても、国全体が経済的に発展することはあるんじゃないかと思います」と、彼女が付け加えた。

「なるほど。確かにその通りですね。実際、過去に、多くの国が公害問題などを経験しながら、結局、経済を発展させてきましたからね。すばらしい指摘だと思います」と補足し、次のように話を展開した。

「おそらく、私たちがここで考えなければならないのは、『豊かさ』という言葉の意味でしょうね。たとえば、ＧＤＰ（国内総生産）などを用いて表される経済指標が『豊かさ』を示すものだとすれば、法的・社会的な責任が無視される社会であっても、『経済的に豊かな社会』と評されるかもしれません。ただ、皆さんに尋ねたいのですが、子供の人権が侵害され、環境が破壊される社会。こうした社会がずっと『豊かさ』を享受できると思いますか。こんな状態にある社会を『豊かな社会』と呼びたいですか」。

この質問に対し、生徒たちは、表現は違うものの、「そんなの『本当の豊かさ』じゃない」という主旨の発言をした。

「いいですね。今、『本当の豊かさ』という言葉が出ました。それはどういう意味ですか。皆さん、何が『本当の豊かさ』なんですか」と聞いてみた。

生徒たちは答えにつまったが、先ほど鋭い指摘をした生徒が、手をあげ、「たぶん、『本当の豊かさ』とは『長く続く豊かさ』だと思います」と答えた。

「ぴたり、その通りですね。持続可能でなければ、『本当の豊かさ』とは言えませんよね。皆さん、今、『豊かさ』の意味をこのように定義し直したらどうでしょう。稲盛哲学は社会に『本当の豊かさ』をもたらす知恵となるんじゃないでしょうか。だって、これは、人として正しいこと、企業として正しいことを、実践するよう求めるわけですから、持続可能な豊かさに貢献しないわけがありません」。

私のこの言葉に、皆、納得したようであった。ただもう一度、全体の流れを生徒たちに理解してもらいたいと考え、冗長ではあったが、話を整理した。

「次の話に入る前に、もう一度、整理しておきます。社会哲学が扱うテーマは『自由』『公正』そして『豊かさ』の実現でしたね。ですから、皆さんと一緒に、稲盛哲学がどのように『豊かさ』を実現するのかを見てきました。根拠として、二つを取りあげました。第一は、稲盛哲学が、とくにその方程式が、一人ひとりのモチベーションを高めること、第二は、その方程式が、一人ひとりの、あるいは一社一社の意識を変え、人権の尊重、労働の安全、環境の保護などの実践を促すこと、でした」。

三、偶然による撹乱と持続可能な豊かさ

「さて、皆さん、稲盛哲学が社会に『豊かさ』をもたらす根拠について確認しましたが、さらに、もう一点、考えておかなければならないことがあります。それは、たとえ『よき考え方』を持って生きてきた人であっても、企業の法的・社会的責任を自覚し事業を行ってきた企業で

あっても、さらには、その企業でまじめに働いてきた経営者や従業員であっても、突然の大災害、破壊行為、大恐慌などに遭遇し、それまで築いてきたものを失うことがあるということです。これを『偶然による撹乱』と呼びます」。

「すでに長いタイム・スパンで見れば、『よき考え方の実践』はいつか報われると説明しましたが、私は、先ほど皆さんに『これはあくまでもとりあえずの説明であって、稲盛哲学をより深く理解するには、さらに一段と高いところの問題に踏み込んで考える必要がある』と言いました。その『高いところの問題』というのが、実は、この偶然による撹乱であり、それをどう受けとめるかという問題なんです」。

偶然による撹乱と「持続可能な豊かさ」の話がどのようにかかわってくるのか、生徒たちには分かりにくいと思われたため、私は、次のような解説を試みた。

「皆さん、人や企業が方程式通りに行動していても、一人ひとりの力ではどうしようにもならない大きな力が外側から働き、それまでの努力をすべて帳消しにしてしまうことだってあるんです。この時、人は、生きる勇気も、働く元気も失ってしまうでしょう。一気にモチベーションを落としてしまうでしょう。企業も、抗し難い運命を前に、破綻してしまうかもしれません」。

「たとえば、人権・労働・環境の分野で高い社会的評価を受けていた会社が、突然の不運で、どん底に突き落とされるとしましょう。その企業の経営者や従業員は元より、これを見ていた傍観者たちまでが、『人権の尊重、労働の安全、環境の保護などにまじめに取り組んだところで、結局、何の役にも立たなかったじゃないか』などと言い出すかもしれません」。

「つまり、偶然による攪乱で、『人生・仕事の結果に関する方程式』など成り立たない、と皆が考えるようになってしまう可能性があるんです。そうなると、今度は、社会はどうなってしまうでしょうか。おそらく、『よき考え方』を実践しようとする企業や人はいなくなり、社会も『持続可能な豊かさ』を実現できなくなってしまうでしょう。そう思いませんか」と、生徒たちに相槌を求めた。

生徒たちは首を縦に振った。社会の中で、多くが「方程式」の妥当性を疑うようになれば、社会の豊かさが失われる、ということを高校生なりに理解した。

ただ、豊かさを損ねる問題はこれだけにとどまらない。もう一つ、皆が「人生・仕事の結果に関する方程式」を妄信的に支持すれば、つまり、まったく逆の状況が起これば、その場合も、社会は豊かさを失う可能性を持っているのである。生徒たちには「もう一つ、逆のことも言っておかなければなりません」と語り、次の話を始めた。

「今、大多数の人が、『人生・仕事の結果に関する方程式』が現実を厳格に説明していると主張するようになるとします。この時、社会はどうなっていくと思いますか。社会哲学は『社会の実態』ではなく、『社会のあるべき姿』だと言いましたが、これは『方程式』にもそのままあてはまることです。にもかかわらず、多くが『方程式』は現実を狂いなく説明している、偶然による攪乱などあり得ないなどと、妄信的に主張するようになると、それが社会の豊かさを損ねるかもしれないのです。どうしてだか、分かりますか」と、生徒たちに問うた。

難しい問いであったため、さらに「皆さん、もし、偶然の出来事によって、ある人が不運に見舞われた時、誰もが『それは、あなたの考え方が悪いから』『自業自得だね』などと言うようになったらどうですか。皆さんは、その社会を豊かな社会だと呼びますか」と尋ねてみた。

生徒たちは「ああ、そうか」「そういうことになってしまうんだ」と、私の言っていることの意味を理解した。

すでに、自由至上主義が劣位にある者に対し冷たい社会をつくる可能性があると指摘したが、稲盛哲学の方程式も、使う者が使い方を誤ると、同じ過ちを犯してしまうのである。これを繰り返さないため、私は次の点を強調した。

「皆さん、忘れないでくださいね。稲盛さんが提唱した方程式は、あくまでも、自らにあてはめ、将来に向かって進もうとする人が、自身の生き方を考えるために用いるものなんです。それが稲盛哲学の狙いとするところであり、それが人間として正しい『方程式』の使い方なんです」。

四、偶然をどう受けとめるか

「豊かさとは『持続可能な豊かさ』を意味すると言いました。したがって、多くの人が自身の人生に満足し、日々の生活を送っているところでは、その社会は持続可能であると言ってよいでしょう。逆に『もっと多くの所得を、もっと多くの富を』と皆が欲しているところでは、持続可能な豊かさは、絵に描いた餅となってしまうかもしれないんです。一人ひとりが自身の境遇に満足せず、『もっともっと』と考え、不満を持ち続けているからです」。

「このように整理しますと、社会の豊かさは、つまるところ、一人ひとりが自身の境遇、運命、人生をどう受けとめていくかにかかっている、と言ってよいはずです。私は、そのように理解しています。ただ、ここで本当に難しいのは、満足して生活を送っていた人が、突然、予期せぬ出来事に遭遇し、不幸のどん底に落ちてしまう時です」。

稲盛氏は、社会自由主義と同様に、能力は社会の中で偶然的に配分されると捉えるが、その「方程式」は、生を享けたあとに遭遇する「偶然」についてはっきりとは説明していない。かといって、それは、氏が偶然を軽視しているということではない。むしろ、逆にこれこそ運命を左右する決定的な分岐点だとしているのである。

氏によれば、人は、偶然の成功に恵まれた時、「その幸運、成功は自分自身が努力をし、つくりあげたものであり、当然だと思う」かもしれない。そうなれば、成功者は「謙虚さを失い、地道な努力を怠り、慢心し、もっと幸運に、もっと成功に恵まれたい」という欲望を膨ませることになる。[22]逆に、災難、苦難、困難という偶然に遭遇すると、その不遇を嘆き悲しみ、苦しさに負け、世を恨み、人を妬んでしまうかもしれない。幸運・不運ともに過ちを犯す可能性を秘めている、というのである。[23]

偶然の意味を、このように捉え、氏は「平穏で平坦な人生などありません。そんな人生で、苦難と幸運のどちらの試練に遭遇しようとも」、常によき考え方を実践しなければならない、試練を謙虚に前向きに受けとめなければならない、と説く。[24]つまり、氏は、方程式通りに事が運ばなくても、方程式にしたがい、「よき考え方の実践」に努めなければならないとしているのである。これは、いったいどういう意味なのであろうか。

「皆さん、それまで楽しい毎日を過ごしていた人が、突然の出来事によって、不幸のどん底に落ちてしまう時、どうしたらよいと思いますか。自分に原因があれば、それを反省し、改めればよいかもしれませんが、自身には一切関係のないところで起こった天変地異・大規模事故などが、自らの身に及んできた時、人はこれをどう受けとめたらよいのでしょうか。『方程式』では説明できないことが起こっても、『方程式』が求める『よき考え方』の実践に努めるべきなんでしょうか」。

稲盛氏は、偶然による撹乱と方程式にしたがった実践、この二つの関係を、「運命」と「因果応報の法則」という言葉を使って説明している。

「『運命』というものは決まっています。われわれが望んで動かせるものではありません。一方、『運命』と同時並行で流れる『因果応報の法則』は、そうではありません。この法則を使えば、決まっているはずの『運命』すらも変えられるのです。このことを『立命』といいます」[25]。

私は、氏のこの言葉を踏まえ、生徒たちに次の質問をしてみた。

「稲盛さんは、不運も前向きに受けとめ、前へ進むしかない、それが運命を変える、と言います。それが、その人の生き方を豊かにする、と考えているんですね。しかし、皆さん、不幸のどん底にある人に、この言葉は救いになると思いますか」。

ゆっくり、教室の後ろの方まで歩いていき、一人の生徒に意見を求めてみた。

すると「そんな経験したことがないんで、よく分かりません」と正直に答えてくれた。確かに、楽しい毎日を過ごしている女子生徒たちにはなかなか想像のつかない質問であったかもしれないと反省し、仮定の話をしてみた。

「今、皆さんが、大学卒業後、結婚し、女の子を授かったとしましょう。自分の身体を分けた子供ですから、何物にも代え難い、最高の宝物です。皆さんは、この娘を本当に大切に育てます。ところが、三歳になった時、この娘は急逝し、天国へ行ってしまいます」。

「皆さん、この娘の死という不幸を『これも運命、仕方なし』と言って、すぐに受け入れられますか。とてもじゃない、受け入れられないはずです。気が狂うような思いをするはずです。そして、皆さんは、何度も、自分を責めるでしょう。もっとしっかり娘を見てあげていれば、こんなことにはならなかった、と責め続けるはずです。これは、身を引き裂かれるような辛い経験ですから、やがて自分だけでなく他人も責めるようになります。涙と悲しみに明け暮れる毎日を送り、最後には、天を恨み、神をも、ののしるようになります」。

「最愛の娘を失うことは耐え難いほどの悲運です。この事実を受け入れ、将来に目を向け、歩き出すなんて、言葉では分かっていても、絶対にできることではありません。娘に対する深い愛情は、所詮、他人には分からないことです。それでも、皆さんは『これも運命』と言って、娘の死を受け入れますか」と問うた。

教室は静まり返り、誰も声をあげなかった。そこで、最前列に座っていた生徒に発言を求めてみた。

その子は、ゆっくり「辛くて受け入れられないと思います」と言った。

この返事をもらったあと、私は、さらに「では、皆さんに聞きたいんですが、この最愛の娘は何のために生を享けたと思いますか。何のために、皆さんのところで産声をあげ、三歳まで一緒に過ごし、天国へ戻っていったと思いますか」と尋ねてみた。

非常に重い話だったためであろう。教室は、静寂を保ったままであった。

「旅立った娘は、皆さんに『悲しみに明け暮れる毎日』を送ってもらうために、生を享けたと思いますか。今、その子が生きていたら、皆さんのそうした姿を見て、よろこぶと思いますか……」。

「そんな親の姿は、絶対に見たくないはずです。親の不幸をよろこぶ子供など、どこにもいないからです。そうじゃありませんか…。とすれば、皆さんにできることは、辛いかもしれませんが、一つしかありません。それは、最愛の娘が生きた証を残してあげることです」。

彼女たちは「生きた証って…」という顔をした。

「それは、皆さんが幸せな生涯を送ること、これに尽きるんです。最愛の娘は、死を通して『人の心の痛みや苦しみを知り、人の心に寄り添い、励まし合うことの大切さ』を皆さんに教えてくれたはずです。涙が枯れるほどの辛い体験ですが、その子は、皆さんに幸せになってもらうための『大切な知恵』を残していってくれたんじゃないでしょうか。時間はかかるかもしれませんが、そう考え、運命を受けとめるしか、皆さんを悲しみの淵から救う方法はないんです。稲盛さんの言う、悲運も前向きに受けとめるとは、そういう意味だと、私は理解しています」。

これ以外に運命を開く方法がないこと、そしてこれが実践者の人生を最後のところで豊かにすること。私のこの説明で、生徒たちも納得してくれたように思えた。ただ、同時に、経験に応じた理解というものがあることも痛感した。これは私自身に関しても言えることだが、死を受け入れる難しさは、経験した者にしか分からない深い心の傷である。悲運を克服したかに見えても、親の子供に対する思いは、生涯、消えることはない。

人生において遭遇する悲運は、子供の死にとどまらない。一人ひとり、予想せぬ出来事で嘆き苦しみ、もがくものである。「幸も不幸も、すべて前向きに受けとめよ」というのは言葉では理解できるが、その実践は極めて難しい。それだけに、稲盛氏のように、多くの艱難辛苦を自身で経験し、これを乗り越えてきた実践の人に、私たちは学ぶ必要があるのであろう。

五、稲盛氏の人生は何を示唆しているか

「仕事の結果に関する方程式」を中心に、社会哲学としての稲盛哲学を説明してきた。とくに生活の糧は社会の中でどのように配分されるのか、どのように努力すれば、生活の糧が手に入るのかを中心に見てきた。本書を終えるにあたり、実践者がこの方程式にしたがって行動すればするほど、長い人生のタイム・スパンの中で、方程式の意義そのものが実践者の関心から薄れていくことを指摘しておかなければならない。

意義が薄れるというのは、「人生・仕事の結果」が実践のための動機ではなくなってしまう、ということである。

企業倫理学には、目的論と義務論という二つのアプローチがある。ある行為が倫理的に正し

いかどうかを考える際、倫理学者は、この二つのアプローチを使って、妥当性を判断する。目的論とは、ある行為により、人生・仕事の結果がよくなる場合、その行為は倫理的に正しいと考える立場である。これに対し、義務論は、結果には関係なく、「それが原理的に正しいかどうか」という観点で、ある行為を実践すべしと唱える立場である。

この二つの概念を使って表現し直せば、方程式の意義が薄れるというのは、目的論的発想から義務論的発想に飛躍することを意味する。誰もがそのような飛躍を経験するわけではないが、仮に飛躍を経験するとすれば、その人の人生は、間違いなく、さらに豊かに、わけても精神的に豊かになっているはずである。

第七章において、「人間として何が正しいか」という表現を「社会的な脈絡」の中で倫理的な正しさを検討することだと説明したが、実は、これが目的論的発想に基づく自問にあたるわけだ。ある行為が「他」より見て、許容・評価・感謝され、数年あるいは数十年のうちに、つまり、二重の円の中で何らかの成果となって返ってくるか、という合理的な計算が背景にあるからである。

しかし、義務論的発想に移行し始めると、「人間として何が正しいか」という表現は、「植物や動物とは違う、より崇高な理性を持った存在として何が正しいか」という意味に昇華される。すでに稲盛哲学における「自由論」を展開したが、氏の言う自由とは、物理法則や生理法則、欲望や欲求などの鎖から自らを解放し、理性の力で為すべきことを決める意思の自由である、と説明した。これは義務論的発想に基づく「自由」を意味していたのである。

ただ、これに関し、私が強調したいのは、目的論が劣り、義務論が優れている、ということではない。むしろ、目的論的発想をもって「よき考え方」の実践に努めなければ、そしてその積み重ねがなければ、義務論的発想には至らないということである。つまり、突然の飛躍などないということである。

若い頃の稲盛氏は、方程式の意義を信じ、仕事の結果を出すために、努力と工夫を重ねた。清い心と情熱をもって仕事に打ち込めば、どのようなことでもいつか必ず成就するとの信念を持って、研究開発や販路拡大に努めた。それが明確な成果となって表れ、市場で報われ始めると、事業に臨む氏の姿勢はさらに広がりを持っていった。

会社のため、社員のため、という発想を持ちながらも、それは確実に日本のため、国民のため、社会のため、という意識に変わっていった。そして「人生・仕事の結果に関する方程式」は氏の関心より徐々に薄れ、「よき考え方」を実践すること自体が、つまり「大義」にしたがって行動すること自体が、喜びとなっていった。こう解釈できるのである。

六、稲盛氏はどのような人生を歩んできたのか

さて、人は、「よき考え方」の実践を積みあげることで義務論的発想に至る、と述べたが、それは、結果として行き着くところであって、最初から「人生・仕事の結果に関する方程式」など考えず、打算を離れ、ただただ「よき考え方」の実践に努めよ、というものではない。より多くの生活の糧を得るために、「よき考え方」を持って努力し、壁にぶつかれば、「よき考え方」の中身を改めて問い直し、さらにその先を目指すという「行きつ戻りつの過程」と言ってよいはずだ。

「そうした人生を歩んでもらいたい」との思いで、私は、生徒たちと一緒に、稲盛氏の人生を

追ってみた。

「私は、人生とは、行きつ戻りつを繰り返しながら、それでも踏ん張り、歩を前へ進めていく過程だと思っています。中でも、人生の悲喜交々《ひきこもごも》をすべて前向きに受けとめる精神態度がその人の人生をさらに一層豊かにする、と思っています。このように感じるのは、皆さんと見てきた稲盛さんの人生がそうなっている、と思えてならないからです」。

「稲盛さんは、一三歳の時、結核をわずらい、子供ながら死の恐怖を味わいました[26]。大学卒業後は、希望した会社にも入れず、自暴自棄に陥ったこともあると言います。鹿児島の繁華街を歩きながら、『世の中は、貧乏人が報われることはなく、不公平と不平等が横行する。そんな堅気の世界よりも、義理と人情に満ちた任侠の世界のほうがずっと人間らしいのではないか。それならいっそのこと、やくざにでもなろうか』なんて考えたこともあったそうです[27]」。

「挫折は、これだけではありません。大学卒業後、最初に就職したのは松風工業という会社でした。この会社に入ってみると、経営は惨憺たる状態で、予定通りに給与も払われなかったと言います。当時を想い起こし、稲盛さんは『会社での研究も、人間関係もうまくゆかず、日暮れ時になると、私はよく寮の裏の桜並木が続く小川へ一人で出かけていきました。そして、小川のほとりに腰かけて、「ふるさと」という童謡を歌いました』『私の心は積もり積もった傷で疼いており、その痛みを和らげるすべすら知らなかったので、思いきり歌うことで、自分を元気づけていたのです』と語っています[28]」。

「本当に辛くて、寂しい思いをしたんでしょうね。ただ、そうした状況の中にあっても、稲盛さんは、仕事を軽々に扱うことはありませんでした。常に前向きに仕事に打ち込んでいました。のちの一九五八年一二月、稲盛さんは松風工業を辞めることになりますが、この前向きな姿勢があったからこそ、同じ会社で働いていた八人の仲間が稲盛さんを慕い、あとに付いて来たんですね」。

「その時の話は、何度読んでも感動します。この八人が稲盛さんの部屋に集まり、全員で京セラ創業の誓いをたてるんです。それは『一致団結して、世のため人のためになることを成し遂げたいと、ここに同志が集まり血判する』という内容でした。どうですか、これから船出をしようとする人たちの熱い思いが伝わってきませんか[29]」。

「もっとも、創業後、事業はなかなか軌道に乗りませんでした。駆け出しの京セラなど、国内の大手企業はほとんど相手にしませんでした。このため、一九六〇年代、稲盛さんは、一大決心し、アメリカ、ヨーロッパなどの有望先を訪ねて回ります。この海外出張で、新たな販路を開こうとしたわけですが、結局、受注にはつながりませんでした。異国の地にあって、稲盛さんは『みんなに申し訳ない』と嘆き、悔しさから涙したと言います[30]」。

「その後、京セラはようやく成長軌道に乗りますが、その矢先の一九八五年、薬事法違反で、世間の厳しい批判を受けます。患者のためになると思って提供していた商品が、蓋を開けてみれば、正規の許可をとっていなかったということで、操業停止の行政処分を受けるんです。この問題は、連日、マスコミに取りあげられ、京セラ創業以来の最大の危機となります。陣頭指揮にあたった稲盛さんにとって、この不祥事は筆舌に尽くし難いほどの辛い体験であったはずです[31]」。

「同じく一九八〇年代、稲盛さんは、それまでとはまったく違う事業分野への進出を構想します。そして、半年間、考えに考え、悩みに悩んだ末、第二電電という会社の設立を決意します。皆さんは、携帯電話を持っていますよね。携帯電話会社が競争していることも知っていますよね。一九八〇年代中葉まで、日本では、電話会社といえば、電電公社（現在のＮＴＴ）しかなく、競争もなかったんですよ。これではダメだということで、電電公社を民営化しようという議論が日本で盛りあがったんですが、電電公社という巨大企業に挑む民間企業は、一社も出てこなかったんです。とてもじゃない、電電公社に太刀打ちなんかできるわけがないと、皆、思っていたんです」。

「そんな中、稲盛さんが最初に挑戦の名乗りをあげるんです。こんなことをやり、失敗すれば、京セラに大きな損失が出かねないため、一九八三年七月、稲盛さんは京セラの幹部に向かって、電気通信事業に臨む『社会的意義』を説明することになります。社会的意義のことを『大義』と言うんですが、それは、日本の高い電話料金を安くすること、高度情報社会の健全な発展に資すること、これによって日本の競争力を高め、国民生活を豊かにすること、の三つでした。そして、稲盛さんは、第二電電がこの大義のために、またこの大義に沿って事業を行う限り、挑戦は必ず報われると、幹部たちに熱く語ったんですね[32]」。

「それは、アリがゾウに挑戦するようなものでした。ですから、この話を聞いた幹部たちは、事業と大義の壮大さに圧倒されたと言います。これは私の勝手な邪推ですが、京セラ幹部の中には『通信事業への進出は無謀すぎる』と感じた幹部もいたと思います」。

「いずれにせよ、第二電電企画（第二電電の前身）は、京セラ社内の了承を取ったうえで、電気通信事業への参入を正式に発表します。すると間髪を入れず、官主導の企業連合が、二社、登場してきます。最初は、日本道路公団（現在のＮＥＸＣＯ）を中心とする企業グループ、次は国鉄（現在のＪＲ）を中心とする企業グループでした。日本道路公団は、既存の高速道路網を使い、また国鉄は既存の新幹線網を使い、光ファイバーを敷設することで、通信事業に参入するとしました」。

「このため、稲盛さん率いる第二電電は、窮地に追い込まれます。前門の虎（電電公社）と後門の二匹の狼（道路公団の日本高速通信と国鉄の日本テレコム）に第二電電は挟まれたと表現したらよいでしょうか。もともと、第二電電は、電電公社と比べ、資金力でも技術力でも大きく劣っていましたが、そこにこの二社が登場し、光ファイバーの敷設・利用という選択肢を第二電電より完全に奪ってしまったからです[33]」。

「こうした状況の中、第二電電の退場を求める声が日に日に大きくなっていきます。しかし、稲盛さんは、その窮地も前向きに受けとめ、大義にしたがい、やるべきことをやり続け、困難を乗り越えていくんですね。結果、一九八七年に、第二電電、日本テレコム、日本高速通信の三社が正式に長距離電話サービスを開始しますが、光ファイバーという圧倒的な強みを持っていたはずの二社は、その後、業績悪化などで苦しみ、方向修正を迫られることになります。振り返って見れば、三社の中でもっとも順調に事業を伸ばしたのは、稲盛さん率いる第二電電（ＤＤＩ）だったんです。それが、今のＫＤＤＩなんですよ」。

ＫＤＤＩという言葉が出ると、生徒たちも「ええ、そうなんだ」と言って、互いに顔を見合わせた。

「さっき、私は、人生とは、行きつ戻りつを繰り返しながら、それでも踏ん張り、歩を前へ進めていく過程だ、と言いました。人生の悲喜交々をすべて前向きに受けとめる精神態度が人生を豊かにする、と言いましたよね。皆さん、稲盛さんの話を聞いて、そう思いませんか」と言って、最後にＪＡＬ再生の話をした。

「二〇一〇年六月末。この日は、裁判所にＪＡＬの更生計画を提出する締切日でした。しかし、稲盛さんは、提出を八月末にまで延期してしまったんです。少し難しい話になりますが、管財人や企業再生支援機構などの関係者は、締切期日は公約であるため、厳守してほしいと求めましたが、稲盛さんは、持論をまげず、これを二ヶ月先としました。これに対し、周囲からは、締切さえ守れない稲盛氏には再生など、所詮、無理、といった声もあがったそうです」。

「そこまで言われていたにもかかわらず、稲盛さんは、なんで二ヶ月先延ばししたと思いますか」と、生徒たちに問うてみた。この話に生徒たちも乗ってきた。

「やることがいっぱいあったのかな」と、一人が発言。

「新しい問題がどんどん出てきたんじゃないですか」と、別の生徒が発言。

「最初の計画が現実的でなかったのかも」と、他の生徒も感想を述べた。

もっといろいろな声を拾い上げたかったが、あまり時間もなかったので、話を締めくくった。

「破綻前のＪＡＬが再建計画を何度も作成していたことは、すでに説明しましたよね。覚えていますか。忘れてしまったかもしれませんが、ＪＡＬの経営者は、幾度も計画を作り、達成すべき目標数値を何度も書き変えました。毎年のように変更してたんです。さらに、政府や政党も経営に口をはさみ、計画は改変され続けました。問題は、それらの計画がすべて未達に終わったということです」。

「なんで達成できなかったのかと言うと、結局、誰が責任を持って、これを実行に移すのか、という点が、いつも曖昧だったんです。いずれも、他人事のように計画を作成し、実行は他の誰かがやると思ってたわけです。稲盛さんたちは、この『責任の空洞化』こそ、ＪＡＬ破綻の真因だと捉えたんですね。だから、自らの責任において物事を完遂するという強い意志を持ったリーダーを養成しなければ、ＪＡＬ再建は絵に描いた餅になると考えたんです。リーダー研修の話はすでにしましたが、更生計画の提出が二ヶ月遅れたのは、まさにここに理由があったわけです[34]」。

「皆さん、最後までしっかり話についてきてくれましたね。私の話は、稲盛さんが唱えたこと、経験したことの断片を紹介したにすぎません。ただ、わずかしか触れませんでしたが、稲盛さんが、いろいろな艱難と障害を、挫けるような難題を、幾度も乗り越え、自らの哲学を深め、『よき考え方』の実践に対する思いを強くしていった、ということは分かったんじゃないでしょうか」。

「ですから、皆さんも、これからの人生、しっかり前を向いて、夢を持って全力で進んでいってください。壁にぶつかることもあるでしょう。その時には自暴自棄に陥らず、この講義で学んだことを思い起こしてください。ノートを開いてみてください。そして、自問してみてください。『人間として何が正しいのか』と。道は必ず開けるはずです」。

「また、社会哲学としての稲盛哲学については、それが千辛万苦を経たのちに稲盛さんが到達した思想であり、伝統的社会哲学の限界を補う貴重な知恵であることも説明しました。それだけに、稲盛社会哲学の意義と可能性は非常に大きいと感じています。この点をもう一度強調し、私の講義を終えることにします。率直な意見、活発な議論、本当にありがとうございました。皆さんのお陰で、私も楽しませてもらいました。心より感謝します」。

22 稲盛和夫『稲盛和夫の哲学 人は何のために生きるのか』PHP、二〇〇三年、一二四―一二五頁。
23 稲盛和夫『稲盛和夫の哲学 人は何のために生きるのか』一二六―一二七頁。
24 稲盛和夫『稲盛和夫の哲学 人は何のために生きるのか』一二七―一二八頁。
25 稲盛和夫『稲盛和夫の哲学 人は何のために生きるのか』一一五頁。
26 稲盛和夫『稲盛和夫のガキの自叙伝』日本経済新聞出版社、二〇〇四年、三一―三三頁。
27 稲盛和夫『ゼロからの挑戦』PHP、二〇一二年、一〇四頁。
28 稲盛和夫『成功への情熱』PHP、二〇〇七年、八七頁。
29 稲盛和夫『稲盛和夫のガキの自叙伝』七四頁。
30 稲盛和夫『稲盛和夫のガキの自叙伝』八八―九二頁。
31 稲盛和夫『稲盛和夫のガキの自叙伝』一四九―一五一頁。
32 稲盛和夫『新しい日本 新しい経営』PHP、一九九八年、一三六―一四一頁。渋沢和樹『稲盛和夫 独占に挑む』日本経済新聞出版社、二〇一二年、一三一―一五頁。
33 渋沢和樹『稲盛和夫 独占に挑む』五一―五五頁。
34 髙　巖「JAL再生、二つの試みを分けたもの」『京セラ経営哲学寄附講座』京都大学経営管理大学院、二〇一四年、五九―六一頁。

結びにかえて

本書を終えるにあたり、稲盛氏より学ぶべき実践を一つあげておきたい。これは、私のような者が書かなければ、氏自身では絶対に触れることのない話だと思っている。

氏は日頃より「善とは、普遍的に良きことであり、普遍的とは、誰から見てもそうだということです。自分の利益、都合、格好などだけでものごとは全うできるものではありません。その動機が自他ともに受け入れられるものでなければならないのです」「言い換えれば、『私心なかりしか』という問いかけが必要なのです。自分勝手な心、自分中心的な発想で事業を進めていないかを点検するのです」「私は、動機が善であり、実行過程が善であれば、結果は問う必要はない、必ず成功すると固く信じています」と語っている。[35] それゆえ、ＪＡＬ再生の依頼を受けた時も、氏は幾度も「動機は善なりや」「私心なかりしか」を自問したという。

二〇〇九年末、政府および企業再生支援機構は、稲盛氏に対しＪＡＬ会長への就任を依頼した。氏は、航空運送事業について素人であることを理由に、これを固辞したが、政府側からの要請はやまず、最終的に受理することとなった。その際、ＪＡＬ再生に臨む大義がどこにあるかを自問し、それを次の三点に整理した。[36] そして、これ以外一切私心を挟まず、事にあたると自らに誓った。

・ＪＡＬの再建がうまくいかなければ、日本経済全体に悪影響がでること
・会社に残って働く社員の雇用を守ること
・航空運送事業における競争がなくなれば、受益者である国民に不利益が及ぶこと

二〇一〇年二月一日、稲盛氏は正式にＪＡＬ会長の職に就いた。周囲からは「稲盛さんは晩節を汚すことになる」との声もあがったが、自らが確認した大義の前では、それも単なる戯言でしかなかった。

「動機が善であり、実行過程が善であれば、結果は問う必要はない、必ず成功する」と信じ着手したわけだが、再上場までには、さまざまな横槍が入った。中でも、二〇一二年八月のある雑誌記事は、氏の心を深く傷つけるものであった。見出しは「濡れ手に粟で未公開株五〇億円ゲット！ＪＡＬを私物化する稲盛和夫会長の『強欲』」となっていた。

内容は、二〇一一年三月一五日に、ＪＡＬが実施した第三者割当増資（一二七億円）のうち、五〇億円を京セラが引き受けた（一株あたり二千円）、京セラはＪＡＬの業績が改善していることを知ったうえで株式を取得した、このため、ＪＡＬ再上場（二〇一二年九月一九日）により、京セラは莫大な利益を手にする、というものであった。この雑誌記事がでたことで、政治家や経済人、破綻前のＪＡＬ株主、多くの知識人が憤慨し、稲盛氏のやり方を非難・攻撃することとなった。

氏にとってこれほど悔しいことはなかったはず、と私は思っている。心に一点の曇りもないことを自身の一貫した心情とし、体調すぐれぬ中、血を吐く思いで、ＪＡＬ再生にあたった。にもかかわらず、世間は容赦なく、氏に「強欲」というレッテルを貼り、誹謗中傷の言葉を浴びせたからである。通常なら、誰もがこれに怒りを覚えるはずだ。しかし、氏は、こうした非難に対しても説明すべきことだけを説明し、それ以外、一切言い訳せず、誰を恨むでも、雑誌社を名誉毀損で訴えるでもなく、隠忍自重に徹した。

常識的に考えれば、この記事はとんでもない内容であった。しかし、ＪＡＬがあまりにも短い期間で再建されたため、また桁違いの利益を叩き出したため、さい疑心で物事を捉えようとする者の目には、氏の取り組みは「私物化する会長の強欲」としてしか映らなかったのであろう。裁判所に事前提出された更生計画によれば、二〇一〇年度(二〇一一年三月期)の営業利益は六四一億円の予定であった。蓋を開けてみれば、利益はこれを大幅に上回り、一八八四億円という桁違いの数字となっていた。

氏の名誉のため、説明しておくが、この増資はインサイダー情報による取引などではなかった。JALが実施するはずであった第三者割当増資は、もともと数十社に依頼したもので、引受額も五〇〇億円となる予定であった。ところが、二〇一一年三月の東日本大震災で、依頼先のほとんどが手元資金に不安を感じ、引き受けを断ってきたのである。

このような表現は適切でないかもしれないが、依頼先企業が出資を辞退する中で、立場上、辞退できない八社だけが増資に応じたわけだ。とくに、京セラと主幹事会社の大和証券は、他の六社に対し負担を乞う側にあったため、六社より多くの額(五〇〇億円)を引き受けるしかなかったのである。

増資に応じた他の六社とは、損害保険会社と旅行会社である。私は、かつて大手損害保険会社の役員を務めたことがあるので言っておくが、損害保険会社という金融機関は、航空会社を非常に重要な顧客として位置づけている。このため、大手航空会社より資本引き受けの依頼があれば、事業政策上、断ることはまずもってできない。旅行会社も、ビジネス上の取引関係を考えれば、事情は同じであろう。引受額が、八社合わせて、なんとか一一七億円になったのは、こうした裏事情があったからである。

にもかかわらず、同雑誌は痛烈な批判記事を掲載した。何度も言うが、一般人であれば、それには、抑え切れないほどの怒りを覚えるはずだ。おそらく、会長の名誉を傷つけられたということで、京セラ役員・社員の激昂は収まらなかったであろう。六〇年間、苦楽をともにしてきた朝子夫人も悔しさから涙したのではなかろうか。それでも、氏は耐え忍んだ。この経緯を踏まえ、氏の次の言葉に目を通してもらいたい。

「長い人生の中には、皆さんにとって不本意な時期、つらく苦しいときも訪れるかもしれません。しかし、そんなときこそ歯を食いしばり、理想に向かって誠実に努力を続けるのです。天はそのような努力、誠実、勤勉さの前には、必ず頭を下げるはずです」[37]「正しいと固く信じることができるならば、どんな非難があろうとも、どんな険しい道のりであっても、めざす頂に向かって、まっすぐに登っていこうと私は心に決め、その後自分にも他人にも厳しい姿勢で臨み続けました[38]」。

稲盛氏は、ＪＡＬ再生の過程で思いもよらぬ誹謗中傷を浴びた。根拠のない批判を受けるという悲運を味わった。しかし、自身の言葉を偽ることはなかった。途中に困難があっても、これを前向きに受けとめ、よき考え方の実践に徹したわけだ。稲盛哲学の真骨頂はまさにここにある。思想を思想の段階にとどめず、実践を通して、人の心を動かす哲学にまで高めていく。それを貫き通した哲学者だからこそ、人生を航海に例えた氏の言葉も、多くの読者に深い感銘を与えるのではなかろうか。

「人生を、大海原を旅する航海にたとえるならば、我々は思い通りの人生を送るためには、必死で自力で船を漕がなければなりませんが、それだけでは遠くにたどり着くことはあまり期待できません。船の前進を助けてくれる他力の風を受けるための準備をしなければなりません。

私は、帆を張って他力の風を待つときの、その帆を張るという行為が、自分の心を美しい心に磨いていく営みそのものではないかと思います。

考えてみればこの世の中に自力でやれることはそう多くありません。他力を受けなければできないことがほとんどです。けれども、他力を受けるためには自力で帆を揚げなくてはいけない。その帆を揚げる作業とは、自分自身の心をきれいにして、利己まみれの心ではなく、『他に善かれかし』という美しい心にすることです。つまり利他の心を持つということです。

『俺が俺が』という利己の心で揚げた帆は、穴だらけです。よしんば他力の風がいくら吹いても、帆は穴が空いていますから通り過ぎてしまい、船は決して力を得ることはできません。それに対して、利他の心で揚げた帆は穴が空いていないすばらしい帆です。必ず他力の風を受けられます[39]」。

あらためて氏の思想と実践に心より敬意を表したい。と同時に、本書が稲盛哲学に関することれまでの理解に新たな視点を加えるものであればと願っている。二一世紀という社会を担う新世代が、ここに展開した「次なる社会哲学」の意義を感じとり、希望と自信を持って、豊かな社会づくりに踏み出されることを期待したい。

35 稲盛和夫『心を高める、経営を伸ばす』PHP、二〇〇四年、二〇八-二〇九頁。
36 稲盛和夫『ゼロからの挑戦』PHP、二〇一二年、一九六頁。
37 稲盛和夫『心を高める、経営を伸ばす』六二頁。
38 稲盛和夫『心を高める、経営を伸ばす』六五頁。
39 稲盛和夫「私の幸福論」『機関誌 盛和塾』盛和塾、通巻一二五号、二〇一四年二月号、二五頁。

髙　巖（たか・いわお）

麗澤大学大学院 経済研究科 教授

1956年大分県生まれ。85年に早稲田大学商学研究科博士課程を終え、95年に博士号取得。20代で稲盛和夫氏の思想と実践に強い関心を持ち、「企業家の信念体系と組織の急成長：京都セラミックの場合」を著す。その後、米ペンシルベニア大学ウォートンスクールで企業倫理を学び、帰国後は政府審議会委員などを務め、2008年全米企業倫理コンプライアンス協会（SCCE）より国際倫理コンプライアンス賞を受賞。2007年4月から7年間、京都大学経営管理大学院・京セラ経営哲学寄附講座で教鞭をとると同時に、稲盛哲学研究を深める。主な著作として『H・A・サイモン研究』（文眞堂）、『誠実さを貫く経営』（日本経済新聞社）、『コンプライアンスの知識』（日本経済新聞出版社）、『ビジネスエシックス［企業倫理］』（日本経済新聞出版社）などがある

女子高生と学ぶ稲盛哲学
豊かな社会と人生の方程式

2015年12月7日　初版第1刷発行

著　者　髙 巖

発行人　萩原 和久

発　行　日経BP社

発　売　日経BPマーケティング
〒108-8646　東京都港区白金1-17-3

装　丁　坂川事務所

装　画　野田あい

本文デザイン　株式会社明昌堂

印　刷　中央精版印刷株式会社

ISBN978-4-8222-7941-7